国家社会科学基金一般项目"人民币国际化背景下的外汇储备管理研究"（15BGJ039）

教育部人文社会科学研究青年基金项目"中国外汇储备委托贷款定价机制研究"（15YJC790086）

东北师范大学自然科学青年基金"人民币国际化对资本市场的影响"（14QNJJ039）

吉林省社会科学基金项目（2014B40）

吉林省教育厅"十二五"社会科学研究项目

吉林省科技发展计划项目（20150418048FG）

人民币国际化
对资本市场的影响

Impacts of RMB Internationalization
on Domestic Capital Markets

石凯　聂丽 ◎ 著

中国社会科学出版社

图书在版编目（CIP）数据

人民币国际化对资本市场的影响/石凯，聂丽著 . —北京：
中国社会科学出版社，2016.12
ISBN 978 - 7 - 5161 - 9174 - 3

Ⅰ.①人… Ⅱ.①石…②聂… Ⅲ.①人民币—国际化—影响—
资本市场—研究—中国　Ⅳ.①F832.5

中国版本图书馆 CIP 数据核字（2016）第 261122 号

出 版 人	赵剑英	
责任编辑	王　曦	
责任校对	周晓东	
责任印制	戴　宽	

出　　版	中国社会科学出版社	
社　　址	北京鼓楼西大街甲 158 号	
邮　　编	100720	
网　　址	http：//www.csspw.cn	
发 行 部	010 - 84083685	
门 市 部	010 - 84029450	
经　　销	新华书店及其他书店	

印　　刷	北京君升印刷有限公司	
装　　订	廊坊市广阳区广增装订厂	
版　　次	2016 年 12 月第 1 版	
印　　次	2016 年 12 月第 1 次印刷	

开　　本	710 × 1000　1/16	
印　　张	8.25	
插　　页	2	
字　　数	126 千字	
定　　价	32.00 元	

摘　要

　　人民币国际化要求开放资本市场为域外人民币回流创造条件，其将对国内资本市场发展产生深远的影响。

　　本书从剖析主要货币国际化的历史出发，总结主要货币国际化对资本市场影响的经验与教训，立足中国对外开放实践和人民币国际化仍处于初级阶段的典型事实，探讨了人民币国际化对国内资本市场发展与建设的可能影响，并借助不可知论基础上的符号约束方法，结合中国数据对人民币国际化的影响进行了实证分析。

　　从主要货币国际化和资本市场发展的历史经验来看，货币国际化和资本市场发展是相互促进的，发达的金融市场是一国货币国际化的重要支撑。

　　人民币国际化是建设国际金融中心、实现大国金融战略的前提。金融市场——特别是资本市场的发展，是构建国际金融中心的关键。人民币国际化将会使资产价格受益，对中长期资产配置影响巨大。随着人民币国际化的不断推进，资本市场的容量将会扩大，对外开放程度将会提高，并可倒逼资本市场改革。

　　为同国际金融中心的规模要求相匹配，中国股票市场总市值需进一步扩大，资本市场结构需进一步优化；应建立同股票市场规模接近的企业债市场，缓解企业融资结构不合理困境，创造投资风险相对较低的新工具，优化资本市场的风险结构；不断优化资本市场中的产品结构、实现投资工具的多样化，进一步强化资本市场的风险配置和财富管理功能；允许国际投资者自由投资国内资本市场，鼓励海外优质企业在中国上市，真正实现资本市场的国际化。

关键词： 人民币国际化　资本市场　实证分析

Abstract

RMB Internationalization needs capital market opening up to provide effective mechanisms for oversea RMB backflow, which will have an important influence on domestic capital market development.

This report starts from analyzing the historical experience of major currencies internationalization, summarizes the lessons of currency internationalization influencing capital market, and discusses the possible influence of RMB internationalization on domestic development based on the current situation of China's opening up and the typical fact that RMB internationalization still lies in the preliminary stage. We also employ the Pure – Sign – Restriction Approach based on agnosticism to do some empirical analysis.

Historical experience tells that currency internationalization and capital market development promote each other and developed financial markets are important supports to currency internationalization.

RMB internationalization is the precondition of building international financial center and realizing the financing of great powers. Financial markets, especially for capital markets, are the hinge of building international financial center. RMB internationalization will benefits asset price and has great influence on medium – and long – term asset allocation. In long with the RMB internationalization proceeding, the capacity of capital market will expand and the degree of opening up will enhance. Besides, the reform of capital market will be forced to speed up.

The total value of China stock market should further enlarges to match the needs of building up international financial center. Internal structure of capital market needs to be optimized further. The scale of corporate bond market should be enlarged to the similar scale of stock market to make up the imbalance of corporate financing. Meanwhile, low risk product should be created to optimize the market risk structure. Further more, the industrial structure in China capital market should be optimized and investment instrument should be diversified to enhance the capital market capacity of risk allocation and wealth management. Not only foreign investors should be allowed to enter domestic capital market but also authorized foreign economic operator should be allowed to list on domestic capital market in order to truly realize the internationalization of China capital market development.

Keywords：RMB Internationalization　　Capital Market　　Empirical Analysis

目 录

图 目 录

表 目 录

引　言

　　人民币国际化，是人民币在对外经济往来中越来越多地发挥国际货币职能，若干年后发展成为国际贸易、国际投融资的主要计价结算货币以及重要的国际储备货币的过程。从静态来看，它是人民币作为国际货币使用的一种状态和结果；从动态来看，它涉及的是人民币发展成为主要国际货币的整个过程。人民币国际化既是中国国家崛起的一大标志，也是中国全面融入国际社会并保持经济持续强盛的重要支柱和国家工具。

　　实现人民币国际化，离不开政府在制度和管理层面的改革与完善，更离不开国内外市场上广大金融机构和企业的积极参与。货币国际化是一个相当漫长的过程，人民币国际化仍面临着很多中长期挑战：人民币国际化最大的长期挑战来自实体经济发展；金融制度存在不足、金融市场化程度较低、金融体系效率较低等都成了人民币国际化的中期挑战。如果不能改变严重依赖外需、依赖"微笑曲线"低端收入的经济模式，中国就无法成长为贸易强国，就不能在贸易计价结算谈判中拥有足够的话语权，人民币的升值空间也将受到严重制约。正因如此，人民币作为交易货币、储备货币的国际货币职能也就很难实现。此外，金融制度缺陷降低了人民币国际使用的吸引力和竞争力，解决人民币国际化的金融制度障碍，是推进人民币国际化的重要基础。基于此，人民币国际化如何影响国内金融市场发展，成为本书讨论的重点。

　　发达的金融市场是一国货币国际化的重要支撑。Williams（1968）认为，货币国际化的实现更多地依赖于国内金融市场的发达程度。Bergsten（1975）则认为，拥有较为成熟而且开放程度较高的资本市场，是一国货币成为国际货币的必要经济条件之一。历史上纽约、伦敦等地发达的金融市场对提升美元、英镑的国际地位发挥过巨大的推动作用。同样地，法兰克福成为欧元区的中心，东京国际金融市场的建立对欧元、日元的国际化也起到了非常积极的作用。

目前，探讨人民币国际化的影响因素、途径及策略等宏观问题的研究较多，但对人民币国际化的具体影响（特别是对国内金融市场的影响）的分析仍显不足，对人民币国际化影响资本市场的量化分析更是少之又少。

李全（2009）认为，人民币国际化对中长期资产配置影响重大；随着人民币国际化的不断推进，资本市场的容量将会扩大，对外开放程度将会提高；股票市场的发达程度和货币国际化之间将是正相关关系。哈继铭（2009）表示，货币国际化对于资产价格具有深远的意义；从短期来看，人民币国际化的预期给中国资产创造了良好的投资环境。历史上其他国家货币国际化对资产价格的推动经验有助于中国应对人民币国际化。吴晓求（2010）认为，人民币国际化是构建国际金融中心和实现大国金融的前提，金融市场特别是资本市场大发展是国际金融中心形成的关键；虽然中国资本市场发展迅速，但是要成为国际金融中心，还需要在规模、结构、资源配置、财富管理、风险管理、全球地位等方面有进一步发展。马骏（2011）认为，人民币国际化需要国内资本市场对外开放，如果资本市场走向基本开放，那么，人民币跨境支付系统应当选择什么样的模式是人民币国际化面临的五大挑战之一。巴曙松（2012）认为，人民币国际化首先有利于中国金融市场深化；其次，可促进人民币离岸市场的培育和发展；再次，可增强中国金融业国际竞争力；最后，可缓解货币错配风险。方方（2012）认为，人民币国际化可倒逼资本市场改革；要想让人民币国际化走好走稳，还是要依赖国内资本市场和国内货币市场的发展，其中就包括利率的市场化、金融机构市场化、准入市场化、国内债券市场的发展等。在人民币国际化进程中，中国债券市场发展的关键在于三个主体，即投资者、风险评估及承销机构和发行主体；一定要大力发展机构投资者和专业的固定收益类投资者，让银行、保险等机构投资者进入同一个市场，但是每一家能买什么类型的债券要经相应监管机构批准；其次，要建立起风险评估和定价机制；最后，发行人资格应当放开。理查德·伯德金（2012）认为，人民币国际化不一定受制于国内资本市场深度。向松祚（2012）认为，目前人民币国际化存在的问题是缺少投资渠道。人民币资本市场没有发展起来，开放程度小。发展香港和上海人民币资本市场是个复杂而系统的工程，也是人民币国际化进程最重要的一步。突破这个阶段，人民币国际化进程将会大大加快。任晓（2015）认为，人民币国际化将同我国资本市场开放发展一道，逐步增强资本市场的对外吸引力、包容度。跨境资本流动将更方便和频繁，也对资本市场承受力提出新的考验。从相关文献来看，有关人民币国际化影响资本市场的研究十分有限，绝大多数分析集中于实务部门的定性探讨，对人民币国际化影响资本市场机理的认识尚不明确，仍然缺乏具有理论深度的量化研究。

本书是有关人民币国际化对资本市场影响的量化分析的一次有益尝试。本书将首先总结主要货币国际化进程和资本市场互动发展的历史经验，其次立足人民币国际化实践探讨其影响资本市场的潜在机制，继而在此基础上对人民币国际化影响资本市场的可能结果展开实证分析，最后结合历史经验和实证结果为促进人民币国际化进程中的资本市场发展提出相应的政策建议。

第一章 货币国际化与资本市场
互动发展的历史经验

第一节 美元国际化与资本市场发展

18世纪末期至19世纪初,英国引领了全球的工业化进程,其对外贸易迅速扩张,伦敦成为全球重要的金融中心,英镑成为当时最为重要的国际货币。在第一次世界大战前,美国已经完成工业革命,成为头号工业大国,但国际经济地位并不高,美元在国际贸易中还很少被使用。1913年,全球主要国家中央银行持有的外汇储备中,英镑份额占到了38%,而美元所占份额还不足5%(ECU Institute,1999);1860—1914年,以英镑计价的国际贸易额占世界贸易额的约60%(Eichengreen,2005)。

第一次世界大战为美元成为强势货币提供了重要契机(Cooper,1997)。战争中,英、法、德等几个主要欧洲国家的金本位制度受到破坏。由于远离战场,美国本土经济并未受到影响,即使在1917年加入战争,也依然能够保证黄金的自由兑换,为战后实行金币本位制奠定了重要基础。1914年美联储成立,为参战国提供了大规模信贷,这些资金被用来向美国购买战争物资,使美国战时工业迅速发展。20世纪20年代,美国在全球贸易和对外信贷中的份额已远远超过第一次世界大战之前,美元作为国际贸易计价货币和支付手段的地位得到极大提升(Eichengreen,2005)。

第一次世界大战之后的 20 世纪二三十年代，美国实行金币本位制，英国实行金块本位制，美国在国际货币体系中的地位迅速上升。尽管英国国力在战后被严重削弱，美元的稳定性和在国际上的信誉也已开始超过英镑，但英镑、美元和法郎仍然共享着主要国际储备货币的地位，英镑仍然居于首位。1928 年，全球主要国家中央银行持有的外汇储备中，美元份额为 19%，而英镑仍占 40% 以上（ECU Institute，1999）。到 1940 年，以英镑计价的国外流动性资产仍然是以美元计价的资产的 2 倍（Frankel，1992）。

20 世纪 30 年代发生的资本主义世界经济危机给各国经济及国际金本位制带来了严重打击，罗斯福总统在"新政"的实施中也放弃了金本位制，并于 1934 年将美元汇率贬值 40%，以恢复和增强美国的出口竞争力。随着金本位制的崩溃，美元作为国际储备和投资货币的地位在 30 年代初迅速下降。

第二次世界大战前英镑地位有所回升，英镑区规模一度扩张到最大。第二次世界大战彻底改变了世界经济政治格局，使主要国家力量对比发生根本性变化。德国、意大利、日本遭到毁灭性打击，英国、法国也受到重创，工业生产大幅缩减，外债高筑，黄金储备下降。美国则通过提供融资和战争物资大发战争横财，在制造业、对外贸易、对外投资和战后重建中居于主导地位，黄金储备约占世界黄金储备的 59%，成为最大的国际债权国，为美元霸权的建立提供了重要条件。

1944 年 7 月，国际货币金融会议正式通过了以"怀特计划"为基础的《布雷顿森林协定》，确立了以美元为中心的国际货币体系的运行机制。美元与黄金挂钩、其他货币与美元挂钩的"双挂钩"机制成为布雷顿森林体系的核心内容，这标志着美元初步获得了世界货币金融的霸权地位。

《布雷顿森林协定》实施后，英镑、法郎仍然是较为重要的区域性货币，英国仍然是世界金融中心，英镑仍然是主要的世界性货币之一。直到 20 世纪 50 年代，美元才真正取代英镑，成为最主要的国际货币。在1949年全球主要国家中央银行持有的外汇储备中，英镑份额仍占57%，美元只占27%；而到了1957年，英镑只占36%，而美元已占49%；之后，美元对英镑的强势逐年增强，到1970年，美元已占世界储备份额的77%，而英镑只占10%（ECU Institute，1999）。

20世纪五六十年代，由于美国内外经济形势的变化及布雷顿森林体系本身的内在矛盾，美元危机频频爆发，并最终导致了该体系的瓦解。50年代以后，美国实行扩张性经济政策，60年代又不断升级越南战争，扩大军费开支，虽然刺激了经济增长，但国际收支赤字不断恶化，黄金储备锐减，同时国际经济力量对比也出现了重大变化，苏联、日本、西欧六国组成的经济共同体发展迅速，同时由于布雷顿森林体系存在的内在不稳定性，美元面临很大的贬值压力，其霸权地位有所动摇。1961年成立的"黄金总汇"旨在联合主要发达国家的央行把伦敦黄金价格控制在35.20美元/盎司，但随着法国率先违背约定大量购买黄金，该组织自行瓦解。严峻的美元危机迫使尼克松总统于1971年8月15日宣布实行包括停止美元兑换黄金、征收10%的临时进口附加税等"新经济政策"。这意味着美元与黄金脱钩，布雷顿森林体系的一大支柱倒塌。随后的一年多里，美元对黄金出现了两次贬值，到1973年3月，主要国家货币均同美元脱钩，实行单独浮动或联合浮动，布雷顿森林体系的第二大支柱——各国货币对美元的固定汇率制也倒塌了。

布雷顿森林体系瓦解后，以取消平价和中心汇率制度，允许成员国自由选择汇率制度；废除黄金官价，实行黄金非货币化；创设"特别提款权"作为主要国际储备资产，加强国际货币基金组织对国际清偿能力的监督等为主要内容的牙买加协定于1978年4月1日正式生效。

布雷顿森林体系瓦解后，以美元为汇率基准的国家从1974年的65个减少到1995年的23个，其世界产出总份额还不到2%。许多国家实行了更为灵活和多样的外汇储备制度。1973年以后，主要发

达国家采取浮动汇率制，美元在国际官方外汇储备中的份额由 1975
年的 79% 下降到 1990 年的 56%，而德国马克和日元的份额则有明
显上升。以美元结算的国际贸易额在 20 世纪 70 年代初下降后又趋
于回升，在 1980 年约占世界贸易额的 55%—56%，到 1987 年下降
到 48%，直到 20 世纪 90 年代初这一份额仍保持相对稳定。

　　虽然美元的国际地位明显削弱，但仍然是最主要的国际货币。
在各国的外汇储备中，美元仍占有最大比重。到目前为止，美元仍
是国际贸易中最主要的计价单位、交易媒介和贮藏手段。国际贸易
中的石油、黄金等重要商品仍是以美元计价。各国政府和货币当局
对外汇市场实施干预时，所使用的货币依旧是美元。20 世纪 90 年
代以后美元在各国官方外汇储备中的比重又再次上升至 2/3 左右
（鲁世巍，2006）。

　　1990—1991 年，美国经济在经历了为期 9 个月的衰退后，步入
了长达 18 年的扩张期。美国的经常账户赤字已经达到爆炸性扩张的
程度（Eichengreen，2004），使美元资产的价值稳定性受到质疑；
2008 年爆发的全球金融危机更使美元作为国际货币的内在矛盾重重
凸显；欧元区、亚洲新兴国家的崛起也对美元的国际货币地位构成
挑战。

一　美元建立并维持国际货币地位的原因

1. 经济实力是根本原因

　　经济实力强盛是美元得以建立并维系国际货币地位的根本原因，
体量巨大的经济规模与稳定而持续的经济增长是维持货币信心的重
要因素。

　　从南北战争到第一次世界大战之前，美国完成资本主义工业化，
成为世界工业大国。但第一次世界大战之前，美国的国际经济地位
仍然较弱，对外贸易和对国际市场的影响都比较有限。两次世界大
战使美国实现了向世界头号经济大国的转变。第一次世界大战极大
地刺激了国内外市场对美国产品的需求，美国的工农业生产迅速发
展。到 20 世纪 20 年代后期，美国在钢铁、石油、汽车等领域已拥

有绝对优势。在对外经济方面，美国在两次世界大战期间崛起为国际贸易和投资大国。1919 年美国以 125.62 亿美元海外净资产成为世界最大的对外投资国；1913—1939 年，美国连续保持贸易顺差；1919 年，美国凭借拥有世界黄金储备 40% 的优势，成为当时世界上唯一保持金本位制的经济大国。第二次世界大战之后，美国拥有了世界最大的工农业生产、对外贸易和投资体系，确定了在世界经济中的霸权地位，为美元成为国际货币打下坚实基础（鲁世巍，2006）。

从 20 世纪 60 年代末 70 年代初起，美国的扩张性政策和巨额军费开支使财政赤字逐年扩大，通货膨胀愈演愈烈，同时欧洲、日本、苏联等国家逐渐从战争中恢复，经济增长势头良好，使美国经济在世界经济中的比重有所下降。其间，美元危机频频爆发。

20 世纪 90 年代以后，美国经济发展出现转机。从 1991 年 3 月到 2001 年，美国进入历史上最长的经济扩张期，年均增长 3.4%，高于日本和欧洲。财政赤字大幅下降并从 1998 年起连续四年转为盈余，再次成为世界出口第一、对外直接投资第一和吸引外资第一大国。虽然高科技泡沫、"9·11" 事件等引发了美国 2001 年的经济衰退，但到 2003 年第三季度，美国经济依然出现 7.2% 的强劲增长，进入新一轮增长期，保持在世界经济中的领先地位，美元也持续维持最重要的国际货币地位。

2. 高度发达的金融市场

国际贸易的大量初级产品和资产需要用一种主要的国际货币标价，而该货币的选择取决于发行国金融市场的广度和深度（Tavlas，1997）。一个高度发达的金融市场有助于促进国际资本的流动、本国货币的稳定性和开展融资的规模经济（McKinnon，1979）。当受到外部冲击时，具有高度发达金融市场的国家比金融市场相对不发达的国家更容易吸收投机性资本冲击，维持实际汇率稳定性。同质初级产品的有效定价需求需要建立一个世界性的商品交易所来记录全球的商品供需情况，具有发达金融市场的国家在建立交易所方面具有比较优势，同时也有利于发展商品期货市场（见表 1 - 1）。

表 1 - 1　主要发达国家金融市场若干指标（1995—1996 年）

	资本市场		股票市场		平均日交易额（十亿美元）
	国内债券发行总额（十亿美元）	国际债券发行总额（十亿美元）	市场资本总量（十亿美元）	市场资本占GDP比重（%）	
美国	10914.8	369.9	5654.8	78.0	12.2
日本	4979.8	222.3	3545.3	76.0	3.6
德国	1898.3	128.5	577.4	23.9	2.4
法国	1278.3	190.2	500.0	31.8	2.9
意大利	1572.3	66.0	209.5	18.8	0.3
英国	600.6	290.6	1346.6	123.8	4.6
加拿大	509.4	179.2	366.3	64.3	0.6

注：债券、中期票据、商业票据、国库券及其他短期票据使用 1996 年 3 月数据；国际债券和欧元票据使用 1996 年 6 月数据；股票市场使用 1995 年数据。

资料来源：Tavlas（1997）。

从金融市场数据的比较来看，美国具有明显的主导地位。从本国债券发行量来看，美国发行的债券额超过了其他六国的总和。从股票市场市值来看，美国股票市场资本约为其他六国股票市场资本之和。美国金融市场在深度和广度上的优势十分明显，这得益于美国相对宽松的资本控制、对企业对客户需求快速应对的许可、人力资源的质量和提供融资服务的规模效益（Smith，1992）。

3. 强大的战略规划和外交能力

美国具有超强的战略研究和外交能力，第二次世界大战爆发后《租借法案》的执行、"怀特计划"的制订、布雷顿森林体系建立后"马歇尔计划"的推行等都极大地推进了美国对于欧洲及其他国家经济的渗透、掠夺和控制，扩大了美元的影响力。

4. 经济体规模、对外依存度、贸易份额和商品多样性

一国经济的规模和开放度对该国货币的国际化有着重要的影响，一个 GDP 比重大、对外依存度相对较低的经济体能够较为有效地应对国际压力（Bergsten，1975）。美国是世界上最大的经济体，其 GDP 占世界的比重在 1980 年、1990 年和 1996 年分别为 23.8%、25.7% 和 25.3%，远远超过日本和欧洲国家，而它的对外贸易额在 GDP 中的比重又相对较低，在上述三个年份中分别为 20.2%、20.1% 和 23.6%，远低于主要的欧洲国家。

一个国家在国际贸易中所占的比重越大，其货币就能越广泛地被使用，该货币在国际上作为计价单位和交易媒介的作用就越容易发挥（Page，1981）。从 1980—1996 年的贸易数据来看，美国的商品和服务的出口额连续占到世界出口额的 10% 以上，明显高于日本和主要的欧洲国家。

出口商品的多样化程度高，对该国货币的国际化也有积极作用（Tavlas，1997）。从 1993 年和 1995 年美、日、德出口贸易数据来看，美国的出口商品多样化程度要明显高于德国和日本。

5. 低通胀、汇率稳定和政治稳定

一国货币成为国际货币的一个必要条件是发行国相对较低的通货膨胀和通胀率波动程度（Tavlas，1991）。作为国际货币的计价单位、交易媒介和贮藏手段，其价值必须足够稳定，该货币才能赢得国际信誉和信心。一国通胀率越高、波动越大，该国货币贬值风险越大，汇率也越不稳定，使用该国货币交易面临的风险也越大（Magee and Rao，1980）。

此外，发行国的政治稳定也有利于保证货币价值稳定，有利于提高该国货币在国际上的信誉。

6. 货币使用的规模经济和惯性

国际货币具有某种自然垄断的性质。一种货币如已占据主要国际货币地位，就拥有规模经济、网络效应及长期形成的货币使用习惯等优势。即便个别国家或群体想放弃使用该货币，转而使用其他

货币，也必须首先说服其他的交易者作出相同的改变，这显然存在"转换成本"。货币使用的规模经济和转换成本是美元能够维持国际货币地位的一个重要原因，也是第二次世界大战后尽管英国国力大不如前，但英镑仍能维持主导货币的重要原因（Tavlas，1998）。

新兴亚洲和拉美国家为实施出口导向经济增长战略，对本国汇率实施一定程度的管制，产生大量贸易顺差和以美元为标的的外汇储备。这些外汇储备虽然回报率很低，却是这些国家对外投资、干预外汇市场、应对外部风险的重要手段。假如美元的国际地位下降，引发大量抛售和大幅贬值，这些国家的外汇储备也将随之大幅贬值，并引发新的经济危机。再者，美元贬值引起这些国家本币相对升值，将不利于其对美国的出口，严重影响出口导向型经济增长政策的效果。因此，尽管美国当前的经济影响力有所下降，美元资产仍作为主要的外汇储备被大量持有，美元仍将是最重要的国际货币。

7. 其他国家对货币国际化的抑制

第二次世界大战后美元能成为国际货币的另一个原因是其他发达国家对本国货币国际化的长期抑制。当时，其他一些具备发行国际货币潜力的国家并不鼓励本国货币的国际化。例如，德国认为货币国际化不利于控制国内的通货膨胀，日本认为货币国际化与其直接信贷体系相冲突，法国认为货币国际化引起的资本自由流动会降低货币价值的稳定。这些观点使这些国家在战后维持了较长时期严格的资本管制，同时也降低了其证券市场的流动性，使美元维持了比较长期的国际货币霸权地位。直到 20 世纪 90 年代，大部分控制才逐步解除（Eichengreen，2005）。

二　美元继续保持国际货币地位所面临的问题

1. 现行国际货币体系存在内在矛盾

首先，美国想要维系美元的国际货币地位，使其继续作为各国愿意接受并持有的国际储备资产，就不能要求其国际收支持续顺差；而美国国际收支长期逆差，又必然动摇其他各国对美元的信心,最终导致美元国际货币地位的下降。美元过多,会引发世界性通胀,美元信誉下降;美元过少,则会引起世界性通缩,经济萎缩和衰退。

其次,美国的汇率政策目标选择,即注重国内市场稳定还是国际货币体系稳定,存在不一致性。前者可以通过汇率政策变动促进国内市场稳定和经济发展;后者则必须维持美元汇价不变,以维护国际货币体系稳定。这使美国的汇率政策面临两难选择(鲁世巍,2006)。

2. 亚洲区域经济政策调整的可能性

同第二次世界大战后的欧洲国家相比,当前亚洲国家经济发展水平和经济政策目标差异都比较大,也缺乏推动一体化的组织机构,增加了亚洲区域实施统一经济政策的难度。虽然持有大量的美元资产有利于维护亚洲区域的整体利益,但对于单个国家而言,在面对美元贬值压力时仍希望尽早抛出美元以减少资产缩水,这可能导致区域性卡特尔的解体和美元国际地位的衰落(Eichengreen,2004)。

与此同时,亚洲及其他新兴市场国家将逐步调整出口导向的经济增长模式,推动内需,促进经济结构多样化,这可能使他们逐步放松汇率管制,引发美元贬值和地位下降。

3. 美国国内经济形势的变化

美国持续的财政赤字和经常账户赤字、连年的低储蓄率使国外央行和投资者对美元资产的信心下降,美元面临贬值压力。2008年爆发的国际金融危机使以美元计价的多种资产的安全性备受质疑,加速了美元危机的到来。

4. 其他货币的挑战

欧元区势力的崛起、亚洲国家对发行区域性货币的探索、特别提款权成为超级货币的倡议、中国等新兴国家国际经济地位的提升及随之而来的货币体系地位的日益提高,都对美元的国际货币地位提出了挑战。

三　美元国际化的启示

1. 增强经济实力，扩大对外贸易的同时减小贸易依存度

强大的综合经济实力是美元建立和维系国际货币地位的根本。因此，中国应保持经济的稳定和可持续发展，走新型工业化道路，发展创新经济，把比较优势转化为竞争优势，进一步提高中国的国际经济地位。

要继续深化对外贸易，融入全球化，但同时也要增强经济的独立性，降低对外贸易依存度。改革开放以来，中国实施出口导向的经济政策，对外贸易依存度不断提高，自 2004 年以来始终保持在 60% 以上，远高于美国、日本等发达国家。这会使中国经济容易受到全球经济、政治形势变动等的干扰，增加了发展的不确定性。中国应逐步调整经济增长模式，在融入经济全球化、扩大对外贸易的同时，提高国内需求，逐步降低对外贸易依存度，保证经济持续发展的稳定性，从而推动人民币国际化。

2. 大力发展金融市场

高度发达的金融市场和金融中心是一个国家和地区成为国际金融市场的核心和枢纽，它不仅是一个国家货币进行国际兑换和调节的重要载体和渠道，同时也是一国货币转化成国际清偿力的重要机制。从国际经验来看，英镑、美元、日元能充当国际货币，与其依托伦敦、纽约、东京三大国际金融中心是分不开的。中国金融市场发展起步较晚，尽管发展迅速，但仍存在市场规模小、广度与深度不足、金融工具品种单一、金融法规不健全、监管体制不完善等问题，阻碍了人民币的国际化进程。所以，应加强国内金融市场的发展，拓展金融市场的广度和深度，包括推动上海国际金融中心的建设，完善金融市场的国际化功能；发展资本市场和金融工具，扩大市场规模，加强体制建设等。

3. 完善汇率形成机制，实现人民币自由兑换

国际货币的汇率基本上是市场形成的，美元的浮动汇率是其实现独立的计价功能的重要基础。目前，人民币汇率尚未形成市场决

定机制，汇率受制于官方的目标汇率，缺乏弹性，难以体现均衡水平。应稳步推进人民币汇率制度改革，逐步建立起基本稳定且自由浮动的汇率政策，既能够保证人民币计价资产价值的稳定，符合价值贮藏功能的要求，又使其能够独立地承担国际市场计价和交易功能。

成为国际货币的另一项必要条件是实现完全可自由兑换。实现人民币可自由兑换有助于提高人民币的国际地位，增加对外投资，扩大经济规模和国家影响力，但同时也可能引发难以控制的金融动荡。目前，人民币较为谨慎的自由兑换政策虽然能够防范金融风险，但也会延缓人民币的国际化进程。因此，需要逐步推进人民币基本可兑换：放开对长期资本输入输出的限制，对商业银行的外汇业务实行自由化和便利化，实现人民币在国内和对外可兑换，最终实现资本账户的基本开放。

4. 加强人民币区域性功能，形成货币使用的"惯性"

美元、英镑之所以在经济影响力有所下降的情况下仍能长期维持国际货币地位，其中一个重要原因就是国际货币使用形成的"惯性"。

目前，人民币作为亚洲区域化货币已显雏形，包括：作为结算货币，人民币已在部分周边国家和地区流通，开展贸易结算功能；作为投资货币，已允许部分境外金融机构在内地发行人民币计价债券，在香港地区也发行了一定规模的人民币离岸债券；作为储备货币，菲律宾、马来西亚、白俄罗斯、澳大利亚等已将人民币纳入储备资产予以持有。

国际货币的形成是一个长期的过程，因此需要从区域化着手，扩大人民币的使用规模，逐步形成人民币在国际上使用的"惯性"。例如，同与中国形成贸易逆差的发展中国家开展贸易时，积极尝试用人民币结算；加强与周边国家和地区的金融合作，与周边国家和地区的银行建立人民币同业拆借关系，实行银行之间短期资金的借贷；加强香港离岸人民币清算体系的建设完善，进一步探索和发展境外人民币清算业务，将香港建成首个人民币离岸中心；增加人民币对外投资和海外贷款，促进他国对人民币的使用等。

5. 关注人民币国际化进程中的成本问题

美元之所以能够维持其国际货币地位，其中一个原因是第二次世界大战后其他发达国家对于货币国际化的抵制。因为本币的跨国持有会增加资本流动和汇率波动，不利于维持汇率的稳定，也增加了金融市场风险。这是人民币国际化进程中必须考虑的成本问题。应将人民币国际化与资本账户开放、国内金融市场发展及汇率、利率的市场化稳步结合起来，循序渐进地推进人民币国际化进程。

第二节　日元国际化与资本市场发展

第二次世界大战后，日本在美国扶持下，依靠朝鲜战争的刺激，引进欧美发达国家先进技术，推行合理的产业和外贸政策，在1955—1972年实现了实际年均 9.3% 的高速增长。随着 20 世纪 70 年代布雷顿森林体系解体，钉住美元制度终结，日元出现升值压力，日本政府采取扩大内需的政策以抑制日元升值带来的负面影响，却给本国经济带来通胀压力，1973 年第一次石油危机爆发给严重依赖石油的日本经济带来沉重打击，经济低迷的同时伴随着较高的通货膨胀，1974 年日本实际经济增长为 －5%，第二次世界大战后首次出现负增长，标志着日本结束了 20 多年的高速增长，进入低速增长阶段。

面对通货膨胀和经济低迷的双重压力，日本政府采取了一系列抑制通货膨胀的措施，以稳定物价，从而逐渐走出经济低谷，并通过进一步调整产业结构，开发节能技术，成功抵御了 1978 年第二次石油危机的冲击。

20 世纪 70 年代以来，日本对外贸易顺差持续扩大，而对美国的巨额贸易顺差更导致美日之间贸易摩擦升级。迫于美国的政治压力，1985 年日本签署《广场协议》，日元自由浮动，日元大幅升值，热钱持续流入，经济出现泡沫。然而终身雇佣制和主银行制度无法为进一步实行产业升级提供金融、技术等方面的支持，导致日本没有很好地抓住日元升值的契机进行产业结构升级。随着泡沫的破灭，日元开始贬值，日本经济随之陷入旷日持久的低迷和停滞中。

1964 年开始，日本根据国际货币基金组织协议第八条开始货币兑换开放的步伐。20 世纪 70 年代初期，出于对日元国际化导致货币政策操控难度加大以及资本流动导致国内经济不稳定的担忧，日本加强了对国内货币和资本市场的监管以保持货币稳定，并管制跨境资本交易以稳定汇率（Frankel，1984；Tavlas and Ozeki，1992）。20 世纪 70 年代中期开始，日本开始进行国内金融自由化改革并放开资本账户，1980 年《外汇和外贸控制法》的修改标志着日本基本上放开了资本账户（见表 1-2）。

表 1-2　　　　　　　　　　日本资本账户开放

年份	措施
1964	采用国际货币基金组织协议第八条
1966	放松货币兑换限制
1970	资本账户开放，放松外资银行进入限制，进一步放宽货币兑换限制
1971	向浮动汇率过渡
1973	采取浮动汇率体系
1980	基本放开所有资本管制

资料来源：日本央行。

随着资本账户的开放，20 世纪 80 年代开始，日本也开始积极推进日元的国际化，建立日元区的呼声也越来越高。1984 年，在日美间贸易摩擦日益激化的背景下，日本和美国政府共同组建了"日美委员会"，就日本资本市场自由化、日元国际化，以及国外机构进驻日本金融资本市场等问题达成一致意见，发表《日美日元美元委员会报告书》，随后又发布了题为《关于金融自由化和日元国际化的现状与前景》的报告，并采取各种措施促进国内货币资本市场发展以提高日元的国际化使用（见表 1 - 3）。

表 1 - 3　　　　　　　日元国际化措施（1983—1989 年）

年份	措施
1983	允许短期欧洲日元贷款给非居民
1984	允许本国居民发行欧洲日元债券；完全货币兑换
1985	开放中长期欧洲日元贷款给非居民
1986	允许外国银行发行欧洲日元债券；创立东京离岸市场
1987	放开非居民发行欧洲日元票据
1989	放开居民欧洲日元贷款

资料来源：Tavlas and Ozeki（1992）。

进入 20 世纪 90 年代，经济低迷持续存在，日元并未施行进一步的国际化策略，尽管 80 年代推行了一系列措施，但由于自身金融体系广度和深度不足，日元国际化进展不尽如人意，因此日本转而推进金融市场改革。1997 年，外汇管理委员会向财政部提交了关于恢复日本东京国际金融中心地位的报告，并进一步放松外汇交易限制，非金融机构可以直接在外汇市场上进行交易而不需要通过授权银行介入。1998 年日本财政部发布中期报告，认为日本金融市场在以下方面存在不足：①政府债券市场缺乏深度；②长期政府债券缺乏流动性，限制了其作为风险对冲工具的使用；③资本所得和利息税收入影响资本流动，使外国投资者不愿意进入市场；④交易系统缺乏效率。

1999 年，为了进一步促进日元国际化使用，日本财政部成立了一个研究小组，专门研究日元国际化的战略实施，并于 2001 年、2002 年和 2003 年发布研究报告，将日元国际化的重点转到分析日元国际化进展不顺的原因上来。2001 年报告指出，日元国际化没有进展在于投资者对日本经济缺乏信心，为了促进日元国际化使用，有必要重塑日本经济和国内金融体系，开放日本市场，提高日元使用的便利性。2002 年报告进一步指出日元在国际贸易结算上使用不足的原因，并在 2003 年提出一系列建议。其间，日元国际化战略也发生了转变，特别是遭遇东南亚金融危机，使日本看到东南亚本位的弊端，开始积极寻求亚洲货币合作，试图通过日元区域化促成日元国际化。2000 年，在日本政府的积极倡导下，东南亚国家与中日韩三国签订协议，旨在稳定亚洲金融经济。然而，日本在东南亚金融危机中表现出的放任贬值的态度，加剧了人们对日本经济的不信任感，加之中国经济崛起，使日元国际化战略未见起色。

总结起来，日元国际化大体上经历了以下三个阶段：

第一个阶段是 1964—1970 年。1964 年日本正式接受国际货币基金组织协议第八条，承诺履行对日元自由兑换的义务。但布雷顿森林体系中美元的霸权地位并没有给日元国际化留下很大的空间。1973 年布雷顿森林体系崩溃之后，黄金美元的脱钩使多元化的国际储备成为现实。日元凭借日本迅速崛起的经济实力在国际货币体系中崭露头角。但从日本国内来看，日本政府和央行对日元国际化持一种否定态度，甚至采取种种措施加以限制。其原因主要是日本特有的政策性金融体制。日本大藏省担心国际社会过多地介入对日元的操作可能会削弱央行利用金融作为对经济进行"窗口指导"的作用，因此日元的国际化在这一阶段并没有取得多大的进展。

第二个阶段是 1980—1990 年初。1980 年 12 月，日本大藏省颁布实施的新《外汇法》把过去对资本交易的"原则上禁止"改为"原则上自由"，取消了本国居民向国外提供日元贷款和外汇不能自由兑换成日元的限制，从而揭开了日元国际化的新篇章。1984 年发布了《日美日元美元委员会报告书》，1985 年又发布了一系列重要的官方文件或协议。日元的国际化取得了重大进展。此后，日本政府又在东京创设离岸金融市场，宣布开放境外金融市场，取消外资流出的限制，同时提高对外资流入的限额，并对外国人在日本发行日元债券和发放日元贷款、非居民间的"欧洲日元"交易采取了一系列的自由化措施，从而掀起了一次日元国际化的高潮。在这一阶段推动日元国际化的主要原因在于：①日本经济的崛起。20 世纪 70 年代末日本迅速摆脱了第三次石油危机的冲击，经济实力大大增强，国内资本日益充足。与此同时，日本的对外贸易由逆差变为顺差，并在 80 年代初积累了大量的外贸盈余。这为日元的国际化奠定了良好的基础。②美国对外政策的转变。美国的经济衰退和里根的强势美元政策迫使美国转变战略，要求日本采取措施以使日元协助美元在国际货币体系中发挥更大的作用。③放松管制和金融自由化浪潮的冲击。20 世纪 70 年代末 80 年代初，英、德、美、法等国先后采取了旨在放松管制和推动金融自由化的一系列措施，这种变革激发了本国金融市场的活力，推动了本国金融业的迅猛发展，从而使本国货币在国际金融体系中的地位得以加强。国际形势的变化迫使日本也做出相应的变革，在放松本国金融管制以促进本国金融自由化的同时，加强日元在国际金融市场中的影响力变成了自然的选择。④政治的需要。20 世纪 80 年代竹下内阁上台之后，开始致力于谋求与自身实力相适应的政治地位，而提高日元在国际上的地位便是实现其对外战略的重要一环。国际社会对这一阶段的日元国际化大都持一种肯定的态度。但是，在日本国内，对于这一阶段的国际化的评价却出现了不同的声音。神奈川大学教授吉川元忠在其最近出版的颇有影响力的著作《金融战败》中对 20 世纪 80 年代的"吞吞吐吐"的日元国际化表示不满，特别是对日本债券市场放宽管制的迟缓做法提出了批评。他认为，如果"武士债券"市场从 20 世纪 70 年代起就大胆地放宽限制，并完善基础设施条件，从而实现迅速发展的话，就不难将丰富的日元债券放到日本投资家的面前。因而在 20 世纪 80 年代的对美投资大潮中，就会分散其投资从而发挥制动作用。至少那些已经转向日元资产的资金可以逃脱汇率的损失。日本另一著名经济学家、学士院院士宫崎义一教授则对 1984 年

6 月开始取消的日元转换限制表示异议。他认为,假如没有取消日元转换限制,就不可能发生"广场协议"之后因日元大幅升值而造成的巨额外汇损失,而且纽约证券市场股价暴跌①将会以另一种形态出现。然而,不管如何评价,日元国际化在 20 世纪 80 年代确实风光一时,但在进入 20 世纪 90 年代之后却出现了停滞不前的局面,甚至随着"平成萧条"和金融危机的持续,日元在国际货币体系中的地位还出现了明显下降。日元在日本出口贸易中的结算比例由 1992 年的 40.1% 下降到 1997 年的 35.8%。1997 年,日元在各国的外汇储备中仅占 6.0%,而马克占 13.6%。

　　第三个阶段是 1997 年年底至今。1997 年亚洲金融危机不期而至,其根源被一致归结为东亚不合理的货币体系,此后对东亚新的货币格局展开了各种各样的探讨,作为东亚唯一在国际货币格局中占有一席之地的日元自然成为人们关注的焦点。日本政府似乎也顺应"民心",从 1998 年开始又掀起了一次日元国际化的浪潮。1997 年 5 月,日本重新修订了《外汇法》,使国内外资本真正实现无约束的国际流动。1998 年 7 月,大藏大臣宫泽喜一设立了一个名为"外汇和其他资产交易委员会"的专门小组,以探讨在日本国内外经济和金融环境的变化下,推进日元国际化所面临的种种问题。1999 年 4 月,该委员会发表了一个题为《面向 21 世纪的日元国际化》的报告书。该报告指出,随着东亚货币危机的爆发以及国内外经济和金融环境的变化,大力推动日元的国际化已具有紧迫性。报告还提出为推动日元国际化所采取的一整套措施。1999 年 9 月,大藏省又成立了一个包括政府官员、工商界和学术界人士在内的阵容强大的旨在推动日元国际化的研究小组,为日元的国际化出谋划策。目前,日本政府已就完善对日元国际化至关重要的政府债券的二级市场上的交易资产的种类、交易机构之间的清算系统采取了一系列的措施,其他旨在推动日元国际化的行动也都已开始全面地

---

① 1987 年 10 月 19 日的"黑色星期一"。

展开。

一　日元国际化直接影响因素的空间计量分析

　　布雷顿森林体系的瓦解，为美元以外其他货币的国际化提供了新的契机。1980 年日本颁布新《外汇法》，使金融机构外汇交易原则上自由化，为当时已成为全球经济和贸易大国的日本实现其本币国际化创造了更有利的条件。经过多年努力，日元国际化取得了较大进展，日元已成为世界少数主要交易与储备货币之一。尽管如此，日元还远未发展成为一种可以同美元展开竞争的国际货币，其相对国际地位不仅与其经济和贸易规模不成比例，而且在 20 世纪 90 年代后还出现了明显的下滑。

　　关于货币国际化的影响因素和实现条件，一般强调货币发行国的对外贸易规模、货币币值的稳定性、货币的可兑换性以及外部性等方面因素的影响。就货币发行国对外贸易的影响，Anderson 和 Van Wincoop（2004）运用新开放宏观经济模型论证了一国对外贸易的市场份额对其货币成为计价货币有明显影响。宋建军和林翔（2009）通过主成分回归方法实证得到，日元国际化中对外贸易规模这类经济基本面因素发挥了很重要的作用。就汇率稳定性的影响，Friberg（1998）认为，计价货币的选择一定程度上依赖于两国汇率波动的程度。李稻葵、刘霖林（2008）也认为，一国货币的币值变动及汇率波动幅度等因素会对其国际化水平产生影响。此外，近年来人们也开始关注由交易成本、机会成本等因素带来的外部性效应对货币国际化的作用。Krugman（1980）认为，货币交易成本的降低会产生有利于货币国际化的外部性。Flandreau 和 Jobst（2009）以一个货币选择的微观模型为基础利用历史数据进行实证分析，证明了策略外部性的存在。马丹和陈志昂（2010）通过建立总体面板计量模型比较美元与几种主要国际货币地位的影响因素后发现，惯性效应是决定一国货币国际地位的重要因素。杨雪峰（2010）对日元国际地位变动的原因进行的实证分析表明，日元资产收益率的大小对日元的国际化起到了重要作用。本书参考丁一兵等（2013）的研究，建立空间面板模型，以货币在各市场国的 OTC 交易量来反映日元的国际化程度，具体分析一些重要因素对日元在其他国家交易的影响及其是否存在空间上的扩散或辐射效应。

1. 指标选取

货币国际化主要体现在作为计价单位、交易媒介和贮藏手段等方面。OTC 交易能够充分反映货币充当交易媒介的职能，一定程度上显示货币的国际化程度。由于日元在其他各国作为贸易计价货币和储备货币的数据相对较难获取，所以我们选取货币交易媒介职能中具有代表性的"日元在各市场国的 OTC 交易量"来反映其国际化程度。

传统上对货币国际化影响因素的研究多从货币发行国的总量指标进行考察，为了更为具体细致地分析日元国际化进程中各种因素的作用机理，我们在已有研究基础上，将总量指标变换为双边指标，并另行加入可能会对货币国际化产生影响的金融因素。具体来说，首先，选取实际双边贸易额作为贸易指标，因为一国与货币发行国贸易联系越密切，其使用并交易发行国货币的必要性也就越高；其次，选取其他国家（市场国）外汇市场发展程度作为金融方面指标，市场国的外汇市场越发达，更高的流动性与更低的交易成本就会推动发行国货币在该市场的交易；最后，选取双边汇率波动程度，将汇率因素纳入分析。

2. 数据来源

OTC 交易量来自国际清算银行 1998—2010 年公布的历次央行调查数据（Triennial Central Bank Survey）中"日元在各市场国（共 33个国家）的 OTC 交易量"，通过以 2005 年为基期的 CPI 转换为不变价格货币交易量；双边贸易额来自 IMF "Direction of Trade Statistics"数据库，并使用相同的方法将日本对市场国进出口贸易额平减为 2005 年不变价格实际贸易额；将来自 BIS 的各国外汇市场上即期、远期和互换货币交易量分别乘以赋值为 1、2、3 的权重参数，计算出加权总额，并将加权总额占各国 GDP 的比重定义为各国的"外汇市场发达程度"；双边汇率波动程度的原始数据来自日本银行，并借助 HP 滤波获得汇率波动成分。

3. 空间面板模型

本书试图建立空间面板模型，以货币在各市场国的 OTC 交易量反映日元国际化程度，具体分析一些重要因素对日元国际化的影响因素及在空间上的扩散或辐射效应进行分析。

空间滞后模型可以表示为：

$$Y = \alpha WY + X\beta + \mu, \quad \mu = \varphi + \psi + \varepsilon \tag{1-1}$$

式中，α 代表度量相邻地区内生变量相互影响的待估参数；W 代表空间权重矩阵，是由 $I_T W_N$ 计算得到的分块对角矩阵；X 是 $1 \times k$ 维的解释变量向量，β 是相应的 $k \times 1$ 维系数向量；ε 为均值为 0、方差为 σ^2 的独立同分布误差项；φ 和 ψ 分别代表空间固定效应和时间固定效应。

空间误差模型可以表示为：

$$Y = X\beta + \varphi + \psi + \mu, \quad \mu = \rho W\mu + \varepsilon \tag{1-2}$$

式中，W 代表空间权重矩阵，μ 服从一阶空间自回归过程，ρ 为空间自回归系数，ε 为随机误差项。通常情况下采用 LMsar 和 LMerr 及其稳健形式的空间相关性检验来判断空间滞后和空间误差模型的选择问题。如果 LMsar（或 LMerr）比 LMerr（或 LMsar）统计量更显著，那么恰当的模型是空间滞后模型（或空间误差模型）。

一般形式的空间杜宾模型 SDM 可表示为：

$$Y = \alpha WY + X\beta + WX\gamma + \varphi + \psi + \varepsilon \tag{1-3}$$

式中，W 代表空间权重矩阵，为反映时间和个体影响，可将其进一步扩展为：

$$y_{it} = \alpha \sum_{j=1}^{N} \omega_{ij} y_{jt} + x'_{it}\beta + \sum_{j=1}^{N} \omega_{ij} x'_{jt}\gamma + \varphi_i + \psi_t + \varepsilon_{it} \tag{1-4}$$

式中，ω_{ij} 是根据区域矩阵 W_N 计算得到的权重矩阵 W 中的相应元素；x'_{jt} 代表空间个体 i 的 $1 \times k$ 维空间滞后解释变量向量，γ 是 $k \times 1$ 维空间滞后解释变量向量的待估参数向量。

如果误差项可以被分解为空间固定效应和时间固定效应，并且 $\varphi \neq 0$ 和 $\psi \neq 0$，那么其可表示成既存在空间固定效应又存在时间固定效应的 SDM 模型；如果 $\varphi = 0$ 和 $\psi = 0$ 同时成立，可表示成没有空间和时间固定效应的空间面板模型；如果 $\varphi \neq 0$ 且 $\psi = 0$，可表示成存在空间固定效应而不含时间固定效应的空间面板模型；当 $\varphi = 0$ 且 $\psi \neq 0$ 时，可表示为含有时间固定效应而不含空间固定效应的空间面板模型。如果考虑截面上的随机效应，那么可以表示为：

$$y_{it} = \alpha \sum_{j=1}^{N} \omega_{ij} y_{jt} + x'_{it}\beta + \sum_{j=1}^{N} \omega_{ij} x'_{jt}\gamma + \varphi_i + \mu_{it}$$

$$\mu_{it} = \psi_t + \varepsilon_{it} \tag{1-5}$$

式中，φ_i 代表 $N \times 1$ 横截面上的空间随机效应，ε_{it} 在时间上满足独立同分布的条件。

4. 实证结果

首先，我们使用 LM 检验确定是否应当建立空间模型。LM 检验建立在具有空间固定效应的非空间模型的残差基础上，检验统计量服从自由度是 1 的卡方分布。相关数学推导可参见 Debarsy 和 Ertur（2010）相关论文。

建立不含内生、外生变量空间交互作用的一般面板模型：

$$YFE_{it} = \alpha + \beta_1 TA_{it} + \beta_2 DM_{it} + \beta_3 ERF_{it} + \varphi_i + \psi_t + \varepsilon_{it} \tag{1-6}$$

式中，YFE_{it} 表示第 t 期国家（地区）i 的外汇市场中日元的不变价格交易量；TA_{it} 表示第 t 期国家 i 与日本的不变价格双边贸易额；DM_{it} 表示第 t 期国家 i 的外汇市场发展水平；ERF_{it} 表示第 t 期国家 i 与日本的双边汇率波动程度。

在一般面板模型的基础上，计算拉格朗日乘数检验和稳健拉格朗日乘数检验统计量以判断是否应当引入空间交互作用（见表 1-4）。

表1-4 不包含空间交互影响的日元国际化面板模型估计结果

	混合最小二乘法（Pooled OLS）	空间固定效应（Spatial fixed effects）	时期固定效应（Time-period fixed effects）	空间及时期固定效应（Spatial and time-period fixed effects）
双边贸易	0.8557	0.7934	0.8643	0.6035
	(9.8578)	(4.0939)	(10.1337)	(3.0400)
汇率波动	0.2663	0.0036	0.2871	-0.0705
	(6.0036)	(0.0882)	(6.3946)	(-1.5216)
外汇市场发展	0.7772	0.6300	0.7672	0.4206
	(9.5047)	(7.1239)	(9.4449)	(4.5563)
截距项	1.8670			
	(2.2852)			
σ^2	1.9072	0.3999	1.8183	0.3228
R^2	0.6437	0.3638	0.6433	0.2051
对数似然值	-285.3685	-156.9978	-281.9364	-139.3370
空间滞后 LM 检验统计量	10.9738	4.4142 **	2.5810	1.0902
空间误差 LM 检验统计量	7.9732	1.9545	6.1132 **	1.0199
空间滞后 robust LM 检验统计量	7.1502	3.2113 *	0.0083	0.0804
空间误差 robust LM 检验统计量	4.1497	0.7515	3.540 *	0.0101

注：括号中是 t 统计量；* 代表在 10% 水平上显著，** 代表在 5% 水平上显著。

表1-4 的实证结果显示，当只包含空间固定效应时，使用经典 LM 检验在 5% 显著水平上拒绝没有空间滞后被解释变量（No Spatially Lagged Dependent Variable）的原假设；使用稳健 LM 检验在 10% 显著水平上拒绝没有空间滞后被解释变量的原假设。当只包含时期固定效应时，使用经典 LM 检验在 5% 显著水平上拒绝没有空间

自相关误差（No Spatially Autocorrelated Error Term）的原假设；使用稳健 LM 检验在 10% 显著水平上拒绝没有空间自相关误差的原假设。当同时包含空间和时期固定效应时，没有检验能够拒绝没有空间效应的原假设。实证结果表明，在某种程度上，建立包含空间交互影响的模型是相对合理的。

为确定是否应当包含空间和（或）时期效应，我们还对空间和（或）时期效应的联合显著性进行了似然比（Likelihood Ratio）检验。结果显示，原假设都在 1% 水平上被显著拒绝（见表 1-5）。

表 1-5　日元国际化影响因素空间/时期效应的联合检验

	空间效应的联合显著性检验	时期效应的联合显著性检验
似然比检验统计量	285. 1988 ***	35. 3216 ***

注：***代表在 1% 水平上显著。

综合 LM 检验结果和 LR 检验结果，建立包含时期效应的空间面板模型。

此后，遵循从"一般到特殊"（general - to - specific）的建模原则，首先建立一个空间杜宾模型，继而检验空间杜宾模型是否可以简化成空间滞后或者空间误差模型。

表 1-6 报告了空间杜宾模型的检验结果。我们分别对 H_0：$\theta = 0$ 以及 H'_0：$\theta + \delta\beta = 0$ 进行了检验。Wald 检验都在 1% 显著水平上拒绝原假设。这表明，空间杜宾模型不能简化成空间滞后或者空间误差模型。此外，为确定应当建立随机效应模型还是固定效应模型，我们还使用 Hausman 设定检验对建立随机效应模型的原假设进行了检验。结果显示，Hausman 检验统计量等于 74. 9068，在 1% 显著水平上拒绝原假设，因而应当建立固定效应模型。综上所述，我们最终建立了包含时期固定效应的空间杜宾模型，并采用 Lee 和 Yu（2010）的方法对估计结果进行修正。实证结果见表 1-6。

表1-6　　　　　包含时期效应的日元国际化影响
因素空间杜宾模型估计结果

Wald_ spatial_ lag = 149. 7559，p = 0. 0000

Wald_ spatial_ error = 12. 1909，prob_ spatial_ error = 0. 0068

Hausman test – statistic，degrees of freedom and probability = 74. 9068，7，0. 0000

变量	系数	渐近 t 统计量	p 值
双边贸易	0.895103	9.173234	0.000000
汇率波动	0.266716	5.699769	0.000000
外汇市场发展	0.702528	8.440441	0.000000
W×双边贸易	0.441060	8.081349	0.000000
W×汇率波动	0.235307	3.868950	0.000109
W×外汇市场发展	− 0.087659	− 0.726188	0.467723
W×日元交易量	− 0.236068	− 3.310381	0.000932

	系数	统计量	p 值	置信区间下界	置信区间上界
直接效应					
双边贸易	0.883077	9.157783	0.000000	0.700171	1.070334
汇率波动	0.253635	5.088249	0.000014	0.157580	0.353492
外汇市场发展	0.721908	8.662969	0.000000	0.558320	0.880850
间接效应					
双边贸易	0.200762	2.251632	0.031123	0.023666	0.373818
汇率波动	0.152266	2.896335	0.006653	0.048213	0.253477
外汇市场发展	− 0.220567	− 2.116856	0.041897	− 0.436703	− 0.012352
总效应					
双边贸易	1.083839	10.165503	0.000000	0.899964	1.305705
汇率波动	0.405902	7.377577	0.000000	0.298669	0.510026
外汇市场发展	0.501341	4.153212	0.000217	0.269971	0.736264

从双边贸易的影响来看，双边贸易的直接效应、间接效应和总效应都为正且在5%水平上显著，即一国同日本的双边贸易额越大，该国越偏好于使用日元作为交易货币。这表明，贸易发展有助于实现货币国际化。

从汇率波动的影响来看，汇率波动的直接效应、间接效应和总效应都为正且在5%水平上显著。这表明双边汇率波动越大，一国越偏好于使用日元交易。其同"汇率稳定有助于货币国际化"的传统理论相悖。随着世界经济发展，国际金融活动已超越国际贸易对国际经济关系产生更为重要的影响，富有弹性的汇率在很大程度上吸引了众多国际资本往来套利，这在一定程度上促进了对该种货币的国际使用。

从外汇市场交易的影响来看，外汇市场发展的直接效应和总效应都为正、间接效应为负且均在5%水平上显著。这表明，外汇市场的发展产生了负的空间溢出效应。外汇市场越发达的国家在增加使用日元的同时在一定程度上抑制了周边国家对日元的交易需求，相邻国家的外汇市场间存在明显的竞争关系。

5. 美元国际化影响因素的对比分析

在分析日元国际化影响因素的基础上，我们使用相同的方法对美元国际化的影响因素进行了分析（见表1-7）。

表1-7　不包含空间交互影响的美元国际化面板模型估计结果

	混合最小二乘法（Pooled OLS）	空间固定效应（Spatial fixed effects）	时期固定效应（Time - period fixed effects）	空间及时期固定效应（Spatial and time - period fixed effects）
双边贸易	0.6635 （10.5663）	0.4746 （3.0104）	0.6587 （10.8236）	0.5629 （3.4771）
汇率波动	0.0085 （0.4005）	- 0.0850 （- 2.4464）	0.0111 （0.5365）	- 0.0227 （- 0.7386）
外汇市场发展	0.8115 （13.3707）	1.0446 （15.0116）	0.7864 （13.2468）	0.8444 （12.7364）
截距项	5.5846 （8.5693）			
σ^2	1.1148	0.1619	1.0335	0.1078
R^2	0.6578	0.6617	0.6531	0.5066

续表

	混合最小二乘法（Pooled OLS）	空间固定效应（Spatial fixed effects）	时期固定效应（Time - period fixed effects）	空间及时期固定效应（Spatial and time - period fixed effects）
对数似然值	− 255. 8047	− 87. 4640	− 249. 6876	− 51. 8990
空间滞后 LM 检验统计量	14. 3888	28. 7066 ***	5. 8565 ***	1. 4230
空间误差 LM 检验统计量	14. 8662	25. 3604 ***	9. 4998 ***	1. 8523
空间滞后 robust LM 检验统计量	10. 9777	6. 7531 ***	0. 0004	0. 0231
空间误差 robust LM 检验统计量	11. 4551	3. 4069 **	3. 6436 **	0. 4524

注：括号中是 t 统计量；** 代表在 5% 水平上显著，*** 代表在 1% 水平上显著。

LM 检验表明，应当建立包含空间因素的面板分析模型（见表 1 - 8）。

表 1 - 8　　　美元国际化影响因素空间/时期效应的联合检验

	空间效应的联合显著性检验	时期效应的联合显著性检验
似然比检验统计量	395. 5772 ***	71. 1299 ***

注：*** 代表在 1% 水平上显著。

综合 LM 检验结果和 LR 检验结果，建立包含时期效应的空间面板模型。Wald 检验和 Hausman 设定检验表明，应当建立包含时期固定效应的空间杜宾模型。实证结果见表 1 - 9。

表1-9   包含时期效应的美元国际化影响因素
                      空间杜宾模型估计结果

Wald_ spatial_ lag = 424.9728，p = 0.0000

Wald_ spatial_ error = 2.8373，prob_ spatial_ error = 0.0050

Hausman test - statistic, degrees of freedom and probability = 144.8715，7，0.0000

变量	系数	渐近 t 统计量	p 值
双边贸易	0.688043	10.664496	0.000000
汇率波动	-0.000765	-0.026245	0.979062
外汇市场发展	0.700174	10.917542	0.000000
W×双边贸易	0.356238	6.344597	0.000000
W×汇率波动	0.036918	1.038333	0.299115
W×外汇市场发展	0.214253	1.445892	0.148207
W×日元交易量	-0.236068	-3.270482	0.001074

	系数	统计量	p 值	置信区间下界	置信区间上界
直接效应					
双边贸易	0.676894	10.288047	0.000000	0.548903	0.799899
汇率波动	-0.002804	-0.089583	0.929129	-0.065465	0.062318
外汇市场发展	0.696123	10.533952	0.000000	0.562473	0.826060
间接效应					
双边贸易	0.170003	2.200065	0.034496	0.030968	0.324376
汇率波动	0.031626	0.898450	0.375085	-0.039162	0.100320
外汇市场发展	0.045568	0.363761	0.718225	-0.197205	0.306539
总效应					
双边贸易	0.846897	8.390889	0.000000	0.658507	1.059064
汇率波动	0.028823	1.344813	0.187336	-0.012609	0.069676
外汇市场发展	0.741691	6.012396	0.000001	0.516883	0.999773

从实证结果来看，仍然支持贸易发展有利于货币国际化的结论。

值得注意的是，汇率波动直接影响和间接影响都不再显著。这表明，美元汇率波动对其国际货币地位的影响并不显著。作为目前最重要的国际货币，美元贬值难撼其国际货币地位。

从外汇市场交易的影响来看，外汇市场发展能促进美元的使用，并且对美元而言相邻国家的外汇市场间并不存在明显的竞争关系，这一结果也显著区别于日元的国际化（见表 1 - 10）。

表 1 - 10　　　　　　　货币国际化影响因素的比较分析

	贸易发展	汇率波动	外汇市场发展
美元国际化	+	不显著	+
日元国际化	+	+	+

从美元国际化和日元国际化影响因素的比较来看，贸易发展和金融市场发展对货币国际化具有重要的促进作用。所不同的是，作为现行国际货币体系中最为重要的国际货币，美元汇率波动对其国际地位的影响并不显著，但日元汇率波动却有助于提升其国际货币地位。这一结果对人民币国际化的借鉴意义在于：进一步提升人民币汇率弹性在一定程度上有助于人民币国际地位的提升。

二　日元国际化失败的原因

第一，日本欠发达的货币和资本市场不能为日本贸易使用日元结算进行融资，表现为诸如 20 世纪 90 年代落后的清算系统，过高的证券交易税等导致的过高的交易成本等（Kiyotaka Sato，1999）。

第二，单一的贸易结构。在进口贸易中，原油和原材料比重高达 30%，原材料按照美元计价，同时日本出口贸易对美国依存度较高，出口商品的 80% 以上是用美元结算的。

第三，本国出口商在贸易中有"随行就市"的行为，宁愿用美元计价以使商品价格稳定，也不愿用本币日元作为结算货币来规避汇率风险。

第四，忽视邻近亚洲国家的支持与合作。由于历史原因以及日本在亚洲金融危机中表现出的放任日元大幅贬值的不负责任做法，使日本在 20 世纪 90 年代末 21 世纪初试图建立以日元为中心的亚洲货币区的想法得不到亚洲国家和地区的支持（Takagi，2009）。

第五，缺乏成为权重国际化货币的经济基础和深度金融市场。货币国际化的过程一定程度上是本国经济金融发展的结果，在本国金融市场并不足以支撑货币国际化的情况下，以单纯的官方政策推动货币的国际化是不可能成功的。日本从 20 世纪 80 年代以来推动国际化的措施促进了本国的资本账户开放，使日本融入金融自由化进程加快，而日本作为债权国也发挥了"世界银行"的作用，充当了类似 1945—1980 年的美国以及 19 世纪的英国的角色，借入短期资本，贷出长期资本，从而促进了日元的国际化使用。

三　对人民币国际化的启示

中国近十年的经济条件（如 GDP 份额、贸易份额、经济结构、储蓄率、经济增长、贸易结构等各方面）都与日本 20 世纪 80 年代日元国际化时的情形有相似之处，储蓄率都很高，经济规模和贸易规模都达到了一定的世界水平。基于经济基本面的类似，日元国际化可以给予人民币国际化一定的经验借鉴。为了避免走日元国际化的老路，中国应当吸取日元国际化的教训，稳步推进资本账户开放，加强国内金融市场建设，不过早浮动人民币汇率，同时积极寻求亚洲国家合作，充分利用香港的国际金融中心地位，使人民币国际化稳步、有序地进行。

首先，人民币国际化应当与国内金融市场改革稳步结合。吸取日元国际化的教训，在 20 世纪 80 年代和 90 年代，正是由于国内金融市场广度和深度不足，债券市场流动性不够，以及交易税过高等因素导致日元的国际化使用程度偏低。中国目前金融市场的发展水平似乎还不如当年的日本，短期债券较少，二级市场缺乏深度，法律监管框架缺失，因此贸然推进人民币国际化极有可能使国内金融市场受到投机性冲击，经济面临崩溃。

其次，稳步推进资本账户开放和人民币汇率浮动。日元国际化一个很重要的教训就是日元过早地浮动使日元资产的吸引力下降，而本国的进出口企业出于稳定交易份额的考虑不愿用日元进行结算。更严重的是在美国压力下，日元的大幅升值使本国面临通货膨胀压力，从而使日本进入长达数十年的经济滞胀期。目前，中国也正处于高储蓄率、中美贸易顺差、人民币升值预期之下，经济背景与 20 世纪 80 年代的日本所处的环境非常相似，一旦中国在美国压力下贸然开放资本账户、实行人民币汇率浮动，极有可能使热钱大量流入，导致国内经济泡沫。而随着泡沫的累积，进一步使经济低迷，资本流入流出的大幅波动可能会使中国重蹈日本的覆辙。

最后，注重经济结构转型与经济增长持续的结合。日本之所以出现 20 世纪 90 年代的滞胀，一方面是因为日元过早浮动引起通货膨胀压力，另一方面日本自身也没有抓住日元升值的有利时机进行产业结构升级和经济结构转型以吸收资本的冲击。20 世纪 80 年代，日本国内劳动力成本已经大幅上升，日本企业加快了向东南亚国家和拉美国家的海外投资步伐，届时日本应抓住契机促进新兴产业发展。然而，主银行制度和终身雇佣制无法为新兴产业的崛起提供金融、技术支持，从而使经济陷入泡沫（潘英丽，2009）。经济低迷不能为日元国际化提供良好的经济基础，从而使日元国际化后继乏力。

尽管中国经历了近二十年的高速增长，然而经济增长是否能够持续仍然是个问题。中国目前仍然是出口导向型增长模式，劳动密集型产业仍然为经济增长做出很大贡献，同时也解决了很多农村人口就业，如果贸然转型，很可能导致一段很长时间的阵痛，人口失业压力较大。经济增长的下降会削弱人民币国际化的经济基础，使人民币国际化后继乏力。在这种增长模式下，中美贸易摩擦会一直存在，国力差异注定人民币国际化会持续受到发达国家阻挠。但这并非意味着人民币国际化没有出路，中国可以将东南亚国家和地区作为改革的突破口。

第三节　英镑国际化与资本市场发展

16 世纪初期，英国仅仅是一个默默无闻的岛国，擅长海运的西班牙和荷兰先后称雄欧洲。16 世纪 80 年代末，英国在与"海上霸主"西班牙的对决中胜出，世界历史被彻底改写。西班牙的殖民霸主地位同其赫赫有名的"无敌舰队"一同沉没，取而代之的是以海上掠夺起家、逐步进行经济扩张的大英帝国。

17 世纪和 18 世纪的英国本土发生了根本性的改变。光荣革命推翻了封建专制主义，工业革命首先在英国打响。资本主义制度的确立以及技术革新条件的成熟，使 18 世纪后的英国拥有了不可动摇的世界经济地位，而英镑也逐渐发展成为世界货币。

英镑的国际化离不开英国的金本位制改革。1816 年，英国通过了《金本位制度法案》，从法律上承认了以黄金作为货币的本位来发行纸币。1821 年，英国正式确立金本位制，英镑成为英国的标准货币单位。而英镑区的形成则始于英镑在殖民地的使用。直到 1825 年，英镑尚未在英国的任何殖民地上使用，各殖民地都还在使用本土货币，而 1825 年的英国财政部备忘录改变了这一切。该备忘录规定英国在殖民地驻扎部队的开支统一采用英镑，这体现了财政部意在加强管理，避免与本土货币兑换，也是英国金本位制改革后的又一项后续措施。1844 年《银行法》的确立，标志着英国在法律上实现了完全的金本位制。

英镑的国际化与作为当时世界上最大的贸易国地位息息相关。1860 年英国的进口占世界其他国家出口总量的 30%，1890 年这一比例为 20%。其在工业品和服务的出口方面占据领先地位，也是进口食品和原材料的主要消费者。同时，外国供应商发现用英镑计价还有利于打开英国的市场。1860—1914 年，大约 60% 的世界贸易是以英镑作为计价和结算货币的（Eichengreen，2005）。

同时，国际贸易的发展促进了英国国际金融业的发展。出于安全及便利性的考虑，很多海外贸易伙伴开始在英格兰银行开立账户。而大宗商品的进口和出口促进了大宗商品交易在英国的发展，现货和期货价格都开始采用英镑定价。此外，英国金融机构还在其殖民地建立分支银行。这些银行的资产和负债由伦敦的英格兰银行所有，而英格兰银行充当了最后贷款人的角色，通过发行票据稳定各国间汇率。这一做法使英国在几十年间成功地进行了外汇储备管理及贴现操作，加上拥有维持英镑自由兑换为黄金的能力，英镑的稳定性让很多人认为它几乎没有贬值的可能，英镑汇票广泛用于世界贸易，甚至成为他国货币的替代货币。由于英镑利率由伦敦操控，所以金本位实则就是英镑本位制，英镑代替黄金执行国际货币的职能，成为第一个具有计价单位、支付媒介和贮藏手段职能的国际化货币。

第一次世界大战爆发，英国作为战胜国并没有获得很多好处。相反地，世界格局的改变和战争带来的经济消耗，使英国在经济、军事上都丧失了霸主地位。第一次世界大战期间，为应付军费开支，英国不得不暂时放弃金本位，政府通过增发国债和纸币来填补财政赤字。

第一次世界大战后不久，英国再次陷入经济危机。英国政府为扶植英镑的国际货币地位，从 1920 年开始连续五年实行通货紧缩政策，直到 1925 年，英镑币值的金本位才恢复到战前水平。由于英镑存在高估现象，引起黄金的严重外流，英镑的货币信誉遭到质疑；美国经济大萧条使出口困难的英国雪上加霜，英国政府的财政赤字始终无法逆转，因此引发了 1931 年严重的英镑挤兑风潮，英镑金本位彻底瓦解。

第二次世界大战的爆发使放弃金本位的英国没有得到任何喘息的机会。美国通过对英国进行军火援助，逐渐成为英国最大的债权国，英镑对美元大幅贬值。在 1944 年布雷顿森林会议召开时，美国已成为世界上最大的债权国，拥有全球一半的经济总量和约 60% 的黄金储备，在国际金融系统中占据主导地位。布雷顿森林体系的确立，提升了美元作为国际货币的地位，从此开始了美元与黄金挂钩、其他国家货币与美元挂钩的时代，英镑作为主要国际货币的时代一去不复返。但直到 20 世纪 70 年代早期，英镑仍然是重要的国际货币。

根据 Cohen（1971）的研究，在国际贸易结算方面，英镑在第一次世界大战前的数十年里所占比例最高超过 60%，随后开始缓慢下降。第二次世界大战后不久，这一比例为 50%。在 20 世纪 50 年代，对这一比例的估计比较不一致，但保守估计在 30%—40%。在 20 世纪 60 年代，这一比例从 27% 下降到 23%。而到 1980 年，英镑的比例则降到了 6%（ECU Institute，1995）。

1990 年英国加入欧洲汇率机制，该机制要求成员国的货币必须钉住德国马克，并允许汇率在中心汇率上下一定幅度内波动，幅度设定为 2.5%。这一限制使市场参与者认为欧洲货币将会统一成单一货币，而弱势货币如英镑、里拉则会在不久的将来带来较高收益。因此，人们争相持有英国债权，这一行为为 1992 年的英镑危机埋下了伏笔。

1992 年，以量子基金为代表的宏观策略对冲基金看到了英镑贬值的趋势，特别是当《华尔街日报》发表德国联邦银行总裁史勒辛格的讲话后，索罗斯等更加确信欧洲货币机制的不稳定性将会通过汇率变动进行调整。量子基金随即投入 100 亿美元资产放空英镑，买进德国马克。1992 年 9 月 13 日，英镑兑德国马克汇率跌至 1：2.775 的低谷，投机者随之大量抛售英镑，吸入强势货币。为挽救英镑命运，9 月 15 日，英国连续两次提高利率，利率水平高达 15%。次日，英国再也无法抵挡货币冲击，宣布英镑对德国马克贬值 10%，并退出欧洲汇率机制。1992 年英镑危机后，英镑的国际地位进一步下降。特别是 1999 年欧元诞生后，英镑的地位远低于美元、欧元和日元。

一 英镑国际化的原因

1. 国际贸易快速发展

工业革命使英国成为机械化大生产的发起国，而机械化大生产为英国的国际贸易完成了资本积累。1800—1850 年，英国出口价值增加了 4 倍。这一增长趋势一直延续到 1913 年，当时的出口价值高达 1850 年的 8 倍之多（Tiberi，1958）。从 1870 年到第一次世界大战以来，英国经常项目盈余占 GDP 的比重平均为 3%，最高达到 9%（王信，2009）。同时，英国是食品和原材料的主要消费国，为了将产品销售到英国，外国供销商倾向于选择英镑计价，因为这有利于开拓英国市场。因此，为了参与和英国的国际贸易，各国纷纷选择持有英镑。

2. 币值稳定

在金本位时代，货币发行要以黄金为基础，短暂的偏离要通过黄金输送来调节。借由航运业带来的经济效应，英国黄金储备充盈，加上英国黄金兑换的便利性，为英格兰银行长期成功管理外汇和操控贴现率提供了坚实的基础，也赢得了外国投资者对英镑币值稳定的信心。正因为如此，外国投资者才愿意持有英镑，借贷者才可以使用英镑作为支付货币来偿还国际债务。1899 年，在已知的外汇储备货币分布中，英镑占比高达 49.6%，处于主导地位（Lindert，1969）。

3. 金融业发达

国际贸易的飞速发展要求金融工具的创新，伦敦汇票业务以及与之配套的、复杂的金融中介系统应运而生，从而促进了英国金融业的发展，促使伦敦成为国际金融中心。同时，英国金融机构在其殖民地建立的分支银行也确保了英镑在整个英镑区的回流机制的畅通。同时，英镑的广泛使用又进一步提升了伦敦的国际金融中心地位。

4. 资本输出

英国资本输出为英镑国际化提供了不可或缺的帮助（Eichengreen，2003）。英镑区的形成开始于英镑在殖民地的使用，而这主要是通过资本输出实现的。在 1913 年之前的 50 年间，英国持有的国外资产价值与其全部工商业资本存量相等（Cairncross，1953）。同时，欧洲以外的殖民地也是英镑国际化的主要地区。英镑在欧洲以外地区的私人和官方储备中占主导地位，而对于欧洲大陆和斯堪的纳维亚国家来说，德国马克和法国法郎的储备份额则更为重要

（Lindert，1969）。

二　对人民币国际化的启示

1. 经济实力是基础，核心竞争力是关键

工业革命提升了英国商品竞争力，使英国实现巨大的贸易顺差，从而积累了巨额财富。而在英国商品遍布世界的同时，英镑也跻身为主要国际货币行列，在全世界建立了英镑本位制。对于货币的国际化来说，一国的经济实力是基础，而培养本国的核心竞争力则是关键。

2. 完善的金融体系是前提

英镑走向国际化，除了英国国际经济地位的影响外，金融制度的完善和金融监管的法制化也是不可或缺的前提条件。1720 年英国南海公司案是世界首例炒股投机事件，它将英国股份公司的发展引入歧途，也迫使英国用 100 年的时间不断完善货币发行、监管制度。从《1844 年银行法》的出现到第二次世界大战后期《1979 年银行法》的颁行，英国政府在逐步改善僵硬的货币政策。时至今日，伦敦证券交易所扮演着国际中心角色。目前，它运作着世界上最强的股票市场，其外国股票的交易超过其他任何证券交易所。这一地位除了得益于伦敦证券交易所拥有的几个世纪积累起来的强大声誉与经验外，更多的是得益于其受全球尊重的既严格又灵活的法规体系。

3. 货币惰性

第二次世界大战结束以后，英镑虽然失去了国际货币地位，但是在 20 世纪后期却出现货币升值、国际地位回升的现象。一方面，英镑储备持有国、财富拥有者及殖民地国家因忠诚性而持有英镑，并非由于存在系统外部性带来的保留激励（Eichengreen，2003）；另一方面，英镑区成员国意识到替换英镑储备将进一步恶化英国经济，从而影响其出口。

第四节　马克国际化与资本市场发展

1948 年，作为德国货币改革的一部分，马克开始发行。到 20 世纪 70 年代之前，马克作为国际货币的地位几乎可以忽略，国际货币基金组织直到 1972 年才首次将马克加入官方储备货币的统计之列。而到 1990 年之后，马克已成为仅次于美元的第二大国际货币。在国际储备方面，马克于 1987 年超过欧洲货币单位后一直位列第二，仅次于美元；在国际资产方面，1995 年马克在国际资产上的份额达到了 15.5%，仅低于美元的 37.9%；从全球外汇交易量来看，马克占 37%，仅低于美元的 87%，位居第二；在国际贸易中，马克的国际化水平相对较低，1992 年仅占 15.3%，远低于美元的 47.6%，但仍然高于其他货币。

一　马克国际化的经验

1. 区域合作导致区域性国际货币的产生

马克的国际化进程与欧洲实现货币一体化的过程密不可分。自 20 世纪 60 年代末开始，因为国际资本流动的不稳定性，美元与马克的汇率波动很大，但当时的欧洲仍然依赖美元进行外汇结算，因此欧洲外汇市场比较动荡。于是从 20 世纪 70 年代开始，随着布雷顿森林体系的崩溃，欧洲开始寻求摆脱美元在欧洲国际结算中的统治地位。1979 年 3 月，欧洲货币体系成立，主要任务是：定义包括一篮子货币的欧洲货币单位；建立以实现汇率稳定为目标的汇率机制，规定成员国以 ECU 为基准，并保证任何两个成员国之间的汇率波动不得超过 2.25%。由于马克在控制通货膨胀方面的可信度，它逐渐成为欧洲货币体系的中心货币，其他各国开始把对马克的汇率作为外汇市场干预的基准。到 1990 年，马克已初步成为欧洲的区域性国际货币。

交易货币职能的实现主要依赖于货币的外汇交易成本。在欧洲货币体系（European Monetary System，EMS）内，由于马克是实际上的名义钉住货币，与其他成员国货币间的汇率波动较小，而美元则在 1985 年《广场协议》后大幅贬值，这些都降低了马克相对于美元在欧洲货币体系内部的交易费用。

随着交易费用的降低，1989—1992 年，马克在外汇市场上的交易量增加了 87%，同期美元只增加了 1%。在银行间现汇市场上，马克增加到了 77%，与美元的份额相当。同时，随着越来越多的外汇交易商采用马克作为交易货币，马克在外汇市场上的流动性逐渐增强，从而吸引了欧洲之外的银行参与交易。

随着马克成为 EMS 的中心货币，其自然也成为各国主要的干预和储备货币，担负着官方价值贮藏的功能。1986—1987 年，马克首次超过美元成为 EMS 各国的主要干预货币。同时，在 1988 年欧洲会议上，欧盟决定到 1990 年实现在核心国家之间、到 1992 年或 1994 年实现在边缘国家之间资本的自由转移，用以完成内部市场的统一。这就导致了 1987 年后离岸市场上以美元计价的证券逐渐减少，而以欧洲本土货币计价的证券逐年增加，欧洲投资者则是市场的主要参与者。根据德国央行的统计，1986—1990 年，欧洲共同体 12 国参与了德国证券市场 71% 的购买额和 74% 的卖出额。至此，马克成为欧洲外汇市场上主要的交易货币。

但在国际贸易的计价单位方面，马克的国际化比较有限。马克主要限于在德国的进出口贸易，其中在出口贸易中的计价份额也在逐渐下降，而在进口贸易中的份额在 20 世纪 80 年代和 90 年代呈现上升趋势。造成马克在国际贸易中份额有限的一个重要原因是 EMS 中主要国家如法国、意大利和荷兰等主要采用自己的货币计价（宋敏等，2011）。

2. 德国央行把价格稳定作为货币政策的最高目标，稳定了货币长期预期

由于曾经经历过两次严重的通货膨胀[1]，德国对治理通货膨胀

---

① 1922—1923 年及 1948 年货币改革前。

的态度十分坚决。德国央行自 1955 年成立之日起就把维护价格稳定作为其首要目标。同时，为了保障这一目标的实现，德国央行具有很高的独立性。首先，德国法律，特别是 1992 年修改后的《联邦银行法》第 88 条明确规定德国央行的独立性；其次，1957 年颁布的德国央行法令在制度框架上保证了央行的独立性，其中规定德国央行在执行法令所规定的权力时不接受联邦政府的指令。现实中，同欧洲其他国家相比，德国的通货膨胀一直处于比较低的水平。德国央行在反通胀方面的声誉也是欧元区其他各国愿意以马克作为名义钉住货币的一个重要原因。

3. 德国自身的经济实力有利于马克国际化

马克的国际化与德国自身的经济实力密切相关。20 世纪 60 年代，德国 GDP 曾一度达到世界第二，1968 年开始落后于日本，但一直位列世界第三，GDP 总量稳定在美国的 30% 左右。在国际贸易方面，从 20 世纪 50 年代起，德国就超越日本成为世界第二大贸易体。在出口产品结构方面，德国有近一半的出口商品为多样化的制造品。① 在多样化制造品的国际贸易中多使用出口国的货币计价和结算，这也有利于马克的国际化。

二　马克国际化的主要教训

1. 过于注重价格稳定和对信贷总量的控制，在推动货币国际化方面并不积极

由于德国官方把维护国内稳定作为首要目标，特别是央行要控制信贷总量来反通胀，他们担心马克的国际化使用以及伴随的资本市场发展和鼓励性监管措施会使这一目标的实施成本过高。在 20 世纪 60 年代末至 70 年代初，固定汇率下过度的资本流入印证了这种担心，德国官方用了很长时间才消除这些资本的影响，而同样的问题在 1992—1993 年欧元区的汇率危机时又再次发生。在此期间，德国还担心欧洲市场以马克计价资产的增加会冲销国内紧缩的信贷；

---

① 主要为机器和设备。

没有准备金要求的短期资产的增加会减少税基，且使货币需求不可预期；短期政府债券的供给增加也会增加紧缩货币政策实施的难度；同时，如果批准新的高风险金融工具和金融行为，货币机构可能需要被迫进行大规模的预防货币稀释措施，这可能会与以价格稳定为中心的货币政策相矛盾。因此，一直以来，马克的国际化使用被视为金融稳定的副产品，而不是一项主动追求的政策目标。

2. 德国的金融市场不够发达

从金融市场的绝对规模和占 GDP 的比例来看，德国金融市场发展远落后于美国，特别是在与货币国际化紧密相关的短期证券方面甚至还落后于日本。而在交易量方面，德国证券的流动性相对较差，甚至低于法国和加拿大（见表 1 – 11）。

表 1 – 11　　　　1994 年德国、美国和日本的资本市场规模

	交易量（十亿美元）	占 GDP 的份额（%）
短期资本市场		
德国	323.1	16.8
美国	2314.9	34.4
日本	1041.1	22.1
中长期资本市场		
德国	1852.4	96.3
美国	8427.6	125.2
日本	4227.3	91.9

资料来源：Frenkel and Goldstein（1999）。

德国金融市场之所以不发达，主要是因为政府对金融市场的严格管控。在资本的自由流动方面，20 世纪 50 年代，由于德国经常项目保持盈余、外汇储备增加，对资本流出的管制有所松动，但对资本流入的管制却一直比较严格，其最集中的体现在于 1968 年德国央行与德国银行之间签订的"君子协议"。该协议是有关国外马克债券的发行，鉴于这些债券自 20 世纪 60 年代末开始不断增加，而

德国资本市场比较狭小，这些债券的大量发行将对德国市场产生负面影响。因此，该协议规定，只有德国银行才能牵头发行马克计价的债券，且发行的数量要由中央资本市场委员会批准。另外，联邦政府还规定，只能发行传统的固定利率债券，严控创新类金融工具的发行。这些规定都影响了德国银行的竞争能力，且鼓励了旨在规避管制的创新。直到 20 世纪 80 年代中期，德国央行才发现面对市场上对马克计价资产的需求，很难能抑制相关的市场操作，于是对国外马克债券发行的控制才逐渐被废除（见表 1 – 12）。

表 1 – 12　　　　　　1970—1989 年德国控制资本流入的措施

时间	措施
1971 年 5 月	"美元危机"初期，重新规定向非居民销售国内货币市场票据、国内银行向国外存款支付利息都要获得批准
1972 年 3 月	引入在国外价款时的现金存款要求，现金存款比例最初是 40%，起征额是 200 万马克
1972 年 6 月	要求非居民向居民购买国内债券时要获得批准
1972 年 7 月	将现金存款比例提高到 50%，且将起征额减少到 50 万马克
1973 年 1 月	将现金存款的起征额减少到 5 万马克
1973 年 2 月	将非居民购买国内债券的审批要求扩大到股票，且要求居民到国外借款需要获得批准
1973 年 6 月	要求向非居民分配国内债券时需要获得审批
1974 年 2 月	将现金存款的起征额提高到 10 万马克，且将现金存款比例减少到 20%。只有向非居民销售债券的期限低于 4 年时才需要获得审批，居民在国外借款不需要获得审批
1974 年 9 月	取消了现金存款的要求和向非居民分配国内债券时审批的要求
1975 年 9 月	取消了国内银行向非居民支付存款利息时审批的要求，并进一步放松了对非居民购买国内债券时审批的要求
1980 年 3 月	允许向非居民分配官方借款的票据，购买期限高于 2 年的国内债券一般都会被批准
1980 年 11 月	购买期限高于 2 年的国内债券一般都会被批准
1981 年 3 月	非居民购买任何国内债券和货币市场票据一般都会被批准

时间	措施
1981 年 8 月	取消现有的对非居民购买国内债券和货币市场票据的审批限制
1984 年 12 月	通过取消向非居民征收的国内债券利息税的法令，有效期回溯到 1984 年 8 月
1985 年 5 月	自 1985 年 5 月 1 日起，外资所有的国内银行允许牵头发行国外马克债券（要求德国银行在该外国银行的国家享有类似的特权）
1985 年 5 月	德国央行允许在资本市场上发行零息债券、浮动利率票据和掉期相关的债券
1986 年 5 月	允许外资银行加入扩大的联邦联盟。废除针对非居民的大多数外币债券所要求的储备
1989 年 7 月	德国央行允许将公开发行和公开配售的最低期限全面减少到 2 年

资料来源：Tavlas（1990）。

不仅如此，德国还规定马克证券必须在德国发行，在二级市场上进行债券和股票交易必须缴纳交易税，同时德国在衍生品方面也相对比较落后，所有这些都导致了德国金融市场的广度和深度不足，从而影响到马克的国际化。

第五节　欧元国际化与资本市场发展

1999 年欧元开始发行，马克逐渐淡出历史舞台。基于欧元区 12 国货币已有的国际化基础，特别是马克相对较高的国际化水平，欧元从诞生之日起就具有较高的国际化程度，并保持和发展了马克所拥有的世界第二大国际货币地位。

一　欧元国际化的主要教训

目前，欧元的国际化水平与其自身的经济实力还不相符，更无法同美元相抗衡，与马克一样，这与欧洲央行对国际化所持的中立态度不无关系。根据欧洲央行 1999 年 8 月的公告称，欧元的国际化将主要是一个由市场推动的过程，欧洲央行货币政策的主要目标是价格稳定，从而保证投资者对欧元的信心，而欧元的国际化将不会被作为一个政策目标，欧洲央行不会促进或阻碍欧元的国际化。除此之外，欧元国际化的阻力主要来自以下两个方面：

1. 统一的区域性货币政策与各国不同的经济发展情况之间存在矛盾

放弃本国货币、使用欧元，由欧洲央行负责执行区域性货币政策，这意味着欧元区国家也放弃了使用货币政策调节本国经济的权利。同时，《马斯特里赫特条约》中还规定对加入欧洲经济与货币联盟的国家的政府预算赤字和公共债务总量做数量上的限制，这就意味着欧元区国家在失去货币政策这个宏观工具的同时，财政政策也受到了一定的限制。但欧洲各国的经济发展并不趋同，各国政府所能进行的宏观调控又受到限制，严重地制约了欧元区经济的长期发展。

2. 区域合作在政治上滞后，在国际上意见不统一，导致货币权力与经济实力不符

Cohen 和 Subacchi（2008）认为，货币权力包括自主性和影响力，即能够保证操作自主性的权力和影响事件或结果的能力。目前欧洲央行在实施货币政策时赢得了足够的自主性，但在对外的影响力方面则重视不够，且由于欧洲区域合作在政治上相对滞后，在国际组织中各国都只为自身经济利益考虑，无法真正代表欧洲经济与货币联盟发声。

二　马克和欧元国际化的启示

首先，人民币国际化要依赖于人民币币值的稳定，从而要求央行具有更大的独立性。马克之所以成为欧洲货币联盟的名义钉住货币，欧元之所以自诞生之日起就拥有稳固的国际化地位，都与德国央行和欧洲央行维护价格稳定的宗旨密不可分，而该宗旨则保证了央行在执行货币政策时拥有足够的独立性。

其次，人民币国际化需要中国金融市场的进一步发展，这不仅

包括放松金融管制，更包括促进金融市场在深度和宽度上的扩展。德国的经验表明，如果政府在金融方面的管制比较严格，金融市场就不能获得自由发展，从而会阻碍货币的国际化。另外，在资本全球化的今天，特别是随着金融市场的不断创新，政府管制也不可能达到预期效果。同时，政府在金融方面的税率设定等也会阻碍金融市场的发展，从而不利于货币的国际化。

第二章 人民币国际化如何影响
国内资本市场

    人民币国际化必然要求为海外存量人民币提供丰富的投资渠道及足够深度的投资场所，这一方面将促进人民币离岸金融中心的建立和发展，另一方面将促使中国以某种形式开放其资本项目以便为海外人民币回流提供必要的途径。

第一节 资本市场发展与人民币自由兑换

    从国际货币发展历程来看，要实现资本市场的全球视野和跨越式发展，人民币国际化的货币环境是重要的基础条件。

    IMF 在《汇兑安排与汇兑限制年报》中，将资本项目的交易划分为 7 类 11 大项，在评估各国资本管制状况时，IMF 又将这 11 大项细分为 40 个子项。按照《2013 年汇兑安排与汇兑限制年报》中对中国 2012 年度资本账户管制的描述，2012 年中国资本账户不可兑换项目有 3 项，主要集中于非居民参与国内货币市场、集体投资类证券、衍生工具的出售和发行，相比 2011 年的 4 个不可兑换项目，2012 年有 1 个不可兑换项目逐渐放开，出现了较大的变化。部分可兑换的项目主要集中于债券市场交易、股票市场交易、房地产交易和个人资本交易等方面（见表 2 - 1）。

表 2 – 1　　　　　IMF 定义下的 2012 年中国资本管制现状

资本交易项目	2012 年
1. 对资本市场证券交易的管制	
A. 买卖股票或有参股性质其他证券	
（1）非居民境内购买	QFII 投资境内 A 股须符合以下条件：①通过 QFII 在上市公司的外国个人投资者的所有权不得超过公司股份的 10%，所有外国投资者所持有一个上市公司的 A 股不能超过 30%；②QFII 的总投资限额为 800 亿美元；③通过 QFII 推出的养老基金、保险基金、共同基金等主要的锁定期为 3 个月。 B 股以美元或港币计价，在证交所挂牌，外国投资者可以购买
（2）非居民境内出售或发行	非居民可以出售 A 股和 B 股；在当前的政策规则下没有对非居民发行 A 股或 B 股的限制，但目前没有非居民发行 A 股或 B 股
（3）居民境外购买	保险公司可以从事境外投资活动，数额不能超过上季度总资产的 15%，这一比率包括各种类型的外国投资，如股票、债券、基金等。 公司在国外和国内股票及股票型基金的综合投资不得超过上一季度末总资产的 20%。 国家外汇管理局验证资金的来源和同意国外支付，外国股票控制的海外上市公司可以回购其在境外上市和交易的股票
（4）居民境外出售或发行	离岸外商投资股份制上市公司发行海外股需要证监会批准并在国家外汇管理局注册
B. 债券与其他债务性证券	
（5）非居民境内购买	QFII 可以投资人民币计价的金融工具：①股票、债券和交易所交易或转让的权证；②银行间债券市场交易的固定收益类产品；③证券投资基金；④股指期货；⑤证监会允许的其他金融工具。 RQFII 及合格境外机构可投资于银行间债券市场

续表

资本交易项目	2012 年
（6）非居民境内出售或发行	在财政部、人民银行和国家发改委的批准下，国家开发机构可以发行人民币计价的债券。目前，居民的债券本地发行还没有先例。在中国的外资企业也可以发行债券
（7）居民境外购买	QDII 包括银行、基金管理公司、证券公司、保险公司，它们在各自的外汇额度和监管限制内可以购买国外债券。国内外无担保企业类债券及国内外证券投资基金的投资分别不得超过 50% 和 15%
（8）居民境外出售或发行	在国家发改委备案的海外债券发行的申请到期日超过一年，国家发改委必须与有关部门审查申请。申请海外发行外币债券须报国务院批准
2. 对货币市场工具的管制	
（9）非居民境内购买	QFII 可以最小的锁定期购买货币市场基金。QFII 不能直接参与银行间外汇市场的交易
（10）非居民境内出售或发行	非居民不得出售或发行货币市场工具
（11）居民境外购买	QDII 可以购买规定允许的货币市场工具，受制于各自外汇配额和监管限制。在国内外无担保企业类债券和国内外证券投资基金的投资分别不得超过 50% 和 15%
（12）居民境外出售或发行	国家外汇管理局批准后，居民可以发行境外货币市场工具，如期限低于 1 年的债权和商业票据
3. 对集体投资类证券的管制	
（13）非居民境内购买	QFII 可投资于国内的封闭式或开放式基金
（14）非居民境内出售或发行	不允许
（15）居民境外购买	QDII 可以购买海外的集体投资证券，受制于各自外汇配额和监管限制。在国内外无担保企业类债权和国内外证券投资基金的投资分别不得超过 50% 和 15%

续表

资本交易项目	2012 年
（16）居民境外出售或发行	经国家外汇管理局批准，居民可以发行境外集体投资证券
4. 对衍生工具与其他工具的管制	
（17）非居民境内购买	如果交易是为了保值，QFII 可投资于国内的股指期货，受制于特定的限制和规模
（18）非居民境内出售或发行	不允许
（19）居民境外购买	银监会监管的金融机构可以买卖银监会批准用于以下目的的衍生工具：①对冲固有资产负债表风险；②以营利为目的；③为客户提供衍生产品交易服务
（20）居民境外出售或发行	购买申请需要符合法规
5. 对商业信贷的管制	
（21）居民向非居民提供	在一定条件下允许居民为非居民扩大贸易信贷。相关数据必须在国家外汇管理局备案
（22）非居民向居民提供	在一定条件下允许非居民为居民扩大贸易信贷。相关数据必须在国家外汇管理局备案
6. 对金融信贷的管制	
（23）居民向非居民提供	经国家外汇管理局批准，跨国公司境内关联企业能直接贷款给境外关联企业，可以通过国内银行贷款给境外关联企业。在符合自己的经营范围、满足银行监管机构相关指令的前提下，银行类金融机构可提供国外信贷
（24）非居民向居民提供	金融机构和授权从事对外借款的中国参股企业，符合国家外汇管理局批准的限额，可以开展一年或一年以内的短期对外借款。所有对外借款必须在国家外汇管理局登记。根据外国投资法律，经商务部批准，总的中长期债务和未清偿的外国企业短期负债不得超过投资总和和注册资本之间的差额

续表

资本交易项目	2012 年
7. 对担保、保证和备用融资便利的管制	
（25）居民向非居民提供	国内银行对外提供财务担保必须由国家外汇管理局批准，个人交易无须批准；国内银行对外非金融担保无须批准。国内银行提供对外担保必须向国家外汇管理局经常备案。在国家外汇管理局的限制内，非银行金融机构和企业可提供对外金融和非金融担保
（26）非居民向居民提供	从国内金融机构借款时，已经依法经商务部按照外商投资法律批准的外资企业可以接受来自外国机构的担保。中资企业在一些试点地区，向国内金融机构借款可能接受外国机构的担保，必须符合国家外汇管理局核准的限制
8. 对直接投资的管制	
（27）对外直接投资	国内企业的海外直接投资没有外汇限制，允许它们购买外汇进行海外直接投资。对外直接投资项目必须符合行政法规并要得到国家和地方发改委的批准
（28）对内直接投资	只要符合有关外商投资及其他法律、法规的要求，并已取得商务部或地方商务部门的批准，非居民可以在中国投资设立企业
9. 对直接投资清盘的管制	
（29）对直接投资清盘的管制	经营期限之前过早的清算需要原始的审查和审批机关的批准或者必须给予司法判决。2012 年 12 月 17 日，在国家外汇管理局注册后，外国投资者可以直接购买外汇和在相关的银行启动资金遣返。用于购买外国货币和将资金汇回的相关审批程序已经取消
10. 对不动产交易的管制	
（30）居民在境外购买	国内机构对国外房地产的购买按照海外直接投资执行。保险公司在境外投资不动产不得超过公司总资产的 15%
（31）非居民在境内购买	外国居民购买商业住宅房屋必须遵守实际需要和自用原则，为了向卖方支付房款，可以直接在外汇指定银行将外汇资金转换成人民币

续表

资本交易项目	2012 年
（32）非居民在境内出售	2012 年 12 月 17 日，在国家外汇管理局登记后，非居民可以直接在相关银行遣返来自房地产销售的收益，外汇审批程序已被取消
11. 对个人资本流动的管制	
贷款	
（33）居民向非居民提供	在没有具体的授权下，居民不可向非居民提供贷款
（34）非居民向居民提供	在没有具体的授权下，非居民不可向居民提供贷款
礼品、捐赠、遗赠和遗产	
（35）居民向非居民提供	居民凭有效个人身份证明可以在银行购买外汇援助和帮助海外的直系亲属，一年最高 5 万美元。对于更大的金额，个人必须向银行提供个人有效身份证明和相关部门或公证机构出具的直系亲属证明材料
（36）非居民向居民提供	凭个人有效证件，个人从捐赠基金、遗赠和遗产获得的不超过 5 万美元的收入可以在银行完成。超过这一数额需要个人身份证明和相关证明及支付凭证
（37）外国移民在境内的债务结算	
资产的转移	
（38）移民向国外的转移	退休和养老金可以汇往国外。自然人移居国外或将移居中国香港、中国澳门，在取得移民身份之前，清算其合法拥有的中国的境内财产，购买和汇出境外的外汇
（39）移民向国内的转移	目前没有法律适用
（40）博彩和中奖收入的移转	目前没有法律适用
资本开放程度	0.5815

注：资本开放程度的测量使用目前主流的四档约束式方法根据 AREAER 计算得到。

　　相比 2011 年，2012 年资本项目交易的 40 个子项中，有 17 个子项出现明显变化，表明中国的资本账户进一步向开放推进。

关于"买卖股票或有参股性质其他证券"中的第一个子项"非居民境内购买"，2011 年"所有外国投资者所持有一个上市公司的 A 股不能超过 20%，QFII 的总投资限额为 300 亿美元"，2012 年"所有外国投资者所持一个上市公司的 A 股不能超过 30%，QFII 的总投资限额为 800 亿美元"，2012 年的比例明显提升，限额显著提高，QFII 呈现逐步扩容的趋势（见图 2 - 1）。

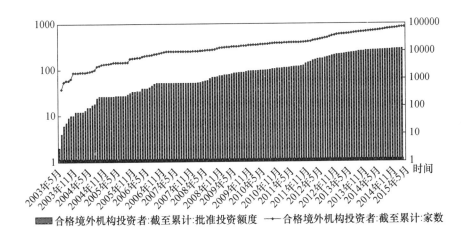

图 2 - 1　QFII 家数及批准投资额度

第二节　资本市场开放的影响

资本市场和资本项目开放的核心是对资金流动管制的放松。

一　资本流入

资本流入会为经济发展、资本市场建设带来充足的资金支持。此外，在引进资金的同时引进了先进的管理经验和价值理念。自实行 QFII 机制以来，在引导价值投资理念、激励市场创新、推动市场制度建设方面发挥了积极作用，有效促进了中国资本市场的健康发展。

但资金流入一定要适度，如果不能很好地与经济规模、资本市场容量所匹配，过量的资本将会造成储蓄替代、流动性过剩、诱发银行体系风险、诱发债务结构不稳定和资本大规模流出风险等一系列负面影响。

二 资本流出

大量而集中的资本流出会对一国经济、金融产生冲击，形成动荡，严重时甚至带来金融危机，这也是各国在资本项目开放过程中谨慎对待资本流动尤其是短期资本流动的原因。

三 双向资金流动

资本账户开放为金融市场的发展提供了广阔前景，同时也带来了很大风险，随着资本市场开放和资本管制的放松，流入流出的资金都会增加，有时会出现大进大出的现象。

第三节　货币国际化与国际金融中心建设

国际金融中心（特别是离岸金融中心）对货币国际化具有重要的促进作用。在当代金融条件下，大国功能性国际金融中心仍是推动本币国际化的重要平台和金融循环枢纽。从历史的角度考察，全球重要的国际金融中心的形成和发展都是与其本币的国际化过程相互促进和彼此耦合的。从国际经验来看，一国对外贸易和投资的大规模发展为本币跨境贸易结算和金融交易提供了可能的基础，而构建相应的国际金融中心是推动本币国际化的重要条件。

国际金融中心是世界经济和金融发展到一定程度的必然产物，也是促进世界经济和金融进一步发展的重要支撑平台。从金融发展史的角度来看，国际金融中心的漂移往往代表着不同国家经济兴衰更替的过程。从 13 世纪的威尼斯，到 17 世纪和 18 世纪的伦敦，再到如今的纽约，国际金融中心总是在不断地漂移，而国际金融中心的漂移往往意味着一个时代的结束和另一个时代的开始。随着世界各国经济的不断发展、产业结构的不断升级，金融中心的内涵也在发生深刻变化，金融中心的功能、内部结构、形成条件等都发生了本质的变化，21 世纪的国际金融中心显然不同于 13 世纪的国际金融中心。虽然这种漂移表现出一种随机性，但如果进一步分析，不难发现这背后存在一定的必然性，很多共同的特质在不同的形成路径上都曾发挥过重要作用，进而产生了金融中心的内在共性。从国际金融中心变迁的历史来看，其形成和变化的原因主要包括以下几点：

一　实体经济繁荣

经济规模和发展水平对一国金融制度的形成和金融市场的发展具有决定性作用。实体经济发展为金融业的强大提供了丰富资源，也促进了金融业发展的内在动力；而受经济发展程度决定的收入水平直接影响居民的资产选择偏好，从而决定对金融的需求。因此，经济发展水平是金融业发展的重要支柱。此外，从国际资本流动的角度看，实体经济的规模、增长速度以及潜力往往会对跨国企业总部选址决定产生重大影响，而外国银行在进行其分支机构选址时往往又会跟随跨国公司总部选址的决定，从而影响国际资本流向。纵观历史上所有的金融中心，经济实力无不强大。威尼斯通过中世纪的工业复兴，经济实力得到显著提高，造船业、玻璃制造业、图书生产等十分发达。而 17 世纪的阿姆斯特丹，所在的荷兰是欧洲最强大和富有的国家之一，1600—1820 年，荷兰是欧洲人均收入水平最高的国家。19 世纪的英国在三四十年代完成了工业革命，促进了经济的迅速发展和繁荣，造就了当时的日不落帝国。20 世纪下半叶至今的美国，经济实力长期位居世界第一，保障了纽约国际金融中心的地位。试图挑战纽约国际金融中心地位的东京，经济实力同样强大。这从另一个角度说明了经济实力对金融业发展的重要支撑作用。

二　国际贸易发展

国际贸易的发展必然要求国际信贷、汇兑业务的发展，同时国际贸易中心地位的确立进一步促进了国际资本在所在国的大量流动，加强了国际贸易中心与其他国家的金融往来，这是促使其成为国际金融中心最直接的因素。纵观世界历史，各国际金融中心同时也是国际贸易中心。14 世纪的威尼斯，依靠优越的地理位置、战争和外交手段，发展成为强大的海洋帝国，是当时欧洲最发达的贸易中心。17 世纪的阿姆斯特丹是荷兰重要的贸易港口，依靠强大的荷兰发展成为当时的国际贸易中心城市。19 世纪的英国通过殖民扩张和自由贸易到1870 年时，对外贸易量超过法国、德国和意大利的总和，理所当然地成为国际贸易的中心城市。20 世纪中后期，美国的工业基础基本未受战争破坏，成为战后最发达的国家，通过自由贸易和布雷顿森林体系迅速扩张，成为当今国际贸易中心。

三 金融市场强大

国际金融中心的形成必然要求有一个强大的金融市场作为平台，用以实现金融中心的功能。正是由于金融市场的这些基本功能，才使国内资本和国际资本流向本国金融市场，使其发展壮大并最终成为国际金融中心。发达的资本市场是现在的以及未来的国际金融中心所必须具备的重要组成部分，市场主导型的金融体系是历史发展的必然趋势。

四 货币的国际化和货币环境的稳定

国际金融中心需要大量的国际资本流动。从微观的角度而言，货币环境影响微观经济主体的信心以及微观经济主体对社会和经济前景的预期，从而影响其经济决策。资本的安全性、流动性和趋利性特征要求货币的可兑换性和非贬值预期，因此国际金融中心所在国的货币必然是国际货币，并且汇率相对稳定。

经济实力的消长、国际贸易中心地位的变迁以及金融市场发达程度的差异等因素造就了国际金融中心的漂移。在国际金融中心的漂移进程中，自阿姆斯特丹成立世界首家证券交易所之后，资本市场在一国金融崛起中所起的作用越来越重要。在纽约，以资本市场为核心的金融体系在促进其发展成为国际金融中心的过程中发挥了不可替代的作用。资本市场具有独特的功能，既能够促进实体经济的快速发展，也能够反映实体经济的成就，因此强大的资本市场是功能性国际金融中心的重要支撑，并且其地位越来越重要。

中国资本市场经历了十几年的发展，国际化程度逐渐提高，已经取得了显著成就，尤其是股权分置改革以来，资本市场在投资者和中介组织国际化方面加快了脚步。通过资本市场进行国际并购的上市公司越来越多，中国资本市场与全球资本市场的联动性正在逐步增强。国际化既是中国资本市场发展的必由之路，也是中国资本市场跨越式发展的特征之一。目前，我国资本市场国际化初见端倪，表现在以下几个方面：

（一）投资者国际化

我国资本市场虽然发展时间不长，但投资者国际化却是伴随着资本市场的建立而开始的。1991 年设立的 B 股市场，就是允许境外投资者直接投资我国资本市场的开端。虽然 B 股市场与 A 股市场完全隔离，发展几经波折，但 B 股市场是中国资本市场国际化进程的第一步，为资本市场的进一步对外开放积累了丰富经验和人才储备。在债券市场方面，中国人民银行于 1998 年 5 月批准 8 家在上海经营人民币业务的外资银行进入全国同业拆借市场，进行人民币同业拆借、债券买卖和债券回购，从此外国金融机构开始对中国债券市场进行有限参与。加入世界贸易组织后，债券市场对外开放的速度加快，2006 年年底过渡期满以后，银行间债券市场已经全面对境内外资银行开放，债券市场的国际化程度得到进一步提高。作为资本市场进一步对外开放的重要制度安排，QFII 制度的建立是 A 股市场投资者国际化的标志，可以说 QFII 制度的建立标志着中国 A 股市场对外开放的一次跨越。

（二）金融中介的国际化

金融中介的国际化进程是伴随着中国加入世界贸易组织而开始的。证监会于 2002 年 6 月 3 日发布《外资参股证券公司设立规则》和《外资参股基金管理公司设立规则》允许外国证券机构驻华代表处成为所有中国证券交易所的特别会员，允许外国机构设立合营公司，从事国内证券投资基金管理业务等。此外，我国还允许外资证券机构在我国设立代表处。同时，我国证券公司也在积极地实施国际化战略。

（三）并购活动的国际化

20 世纪 90 年代以来，随着经济一体化的不断深入和国际竞争的不断加强，全球范围内的跨国并购事件不断发生，且每一起并购案涉及的资金都非常庞大。随着中国资本市场的蓬勃发展，中国企业的跨国并购也逐渐兴盛起来。可以肯定的是，上市公司的国际化进程将随着中国资本市场的发展而日益兴盛。

第四节　人民币国际化使资产价格受益

一国货币逐渐实现国际化、地位上升为全球储备货币一员，就好像一家公司的股票正式加入蓝筹股的阵营，在这一过程中本国资产对于外国投资者的吸引力势必上升，因此包括股票、房地产在内的资产价格有望受益。

从短期来看，人民币国际化的预期给中国资产创造了良好的投资环境：近期国际市场对于人民币的预期改观，从此前的看贬转为重新看升；而作为境外投资中国的重要窗口——中国香港，资金显著流入，资产价格大幅上扬。

历史上货币国际化助推资产价格上涨的经验不乏先例。

一　20 世纪 80 年代日元国际化使日本资产价格受益

1980 年 12 月，日本政府修改《外汇法》，推动使用日元进行贸易结算，日元经常项目基本上实现了可兑换，对资本项目可兑换也过渡为原则上放开管制，这是日元国际化的一个阶段性标志。《外汇法》修改后，日元计值交易机会增加，在日本的出口结算中日元计值比率从 1970 年的不到 0.9% 大幅上升至 1988 年的 34.3%，减少了汇率波动对出口数量和金额的影响，增强了日本企业抵御风险的能力。1984 年 5 月，日本和美国政府就日本金融、资本市场自由化、日元国际化以及外国金融机构进入日本金融、资本市场等问题达成了一致意见，发表了《日美日元美元委员会报告书》，同时发表了《关于金融自由化、日元国际化的现状与展望》的报告，以上两份政府报告进一步整理并完善了日元国际化的具体措施，形成了体系化的政策方案，被视为日元国际化的里程碑。日本大藏省外汇审议局于 1985 年 3 月提交了具体方案，主要包括三方面的内容：①金融自由化（特别是进一步实行利率的自由化、进一步完善并扩大公开短期金融市场）；②实现欧洲日元市场自由化，方便非居民使用日元；③为在东京交易欧洲日元，建立东京离岸市场。这使得国际对于日元的需求增强，日元逐步成为国际储备货币的一员，其在全球外汇储备币种中的权重由 1976 年的 2.5% 上升至 1990 年的 7.7%。在此期间，国际对于日元资产的需求也显著增强，大量证券投资流入日本（流入规模从 20 世纪 70 年代年均 15 亿美元大幅上升至 80 年代年均 190 亿美元，其中 1989 年达到创纪录的 1000 亿美元），日本股市、楼市均受益大幅上涨，1980—1989 年日本股市年均涨幅达 16%，远超过同期其他主要国家。同期日本股市市值大幅增长了 7 倍，占全球股票市值的比重上升至 30%，使东京一举成为世界主要国际金融中心之一。

二　20 世纪 20 年代美元国际化使美国资产价格受益

20 世纪 20 年代起，美国经济地位的提高、进出口贸易的发展都逐步超越英国，使美元地位逐步提高，挤压英镑的全球货币地位，体现为国际贸易中美元使用比例提高，以及美元逐步替代英镑成为全球储备货币。主要国家的外汇储备中美元币种的比重，从 1920 年的不到 20% 上升至 1928 年的近 60%。国际对于美元资产的需求显著增强，美国资产价格因此而受益，1923—1929 年美国道琼斯指数年均涨幅达 24%，高于同期其他主要国家。同期美国股市市值大幅增加了 5 倍，纽约一举成为世界主要国际金融中心之一。

第五节 人民币国际化影响资本市场的方式

人民币国际化对资本市场的影响直接体现在依靠各种方式创建境外人民币回流机制。2010 年 8 月，允许境外机构进入境内银行间债市；2011 年 12 月，人民币合格境外机构投资者 RQFII 开闸；自2013 年 12 月 9 日起，外国商业银行可以在银行间市场发行及投资可转让存款证，打开了人民币国际融资业务的批发市场。目前，人民币资本项下的债券、股票、贷款框架基本打通。

一 外商投资人民币金融资产

目前，人民币没有实现完全自由可兑换，资本项目尚未完全开放，因此采用 QFII 制度作为过渡性的制度安排。这种制度要求进入我国资本市场的外国投资者，必须符合一定的条件，得到有关部门的审批通过后，汇入一定额度的外汇资金，并转换为人民币，通过严格监管的专门账户投资于我国金融市场。境外投资者对人民币金融资产的持有量也是反映人民币国际化程度的一个重要指标。

截至 2011 年年底，国家外汇管理局累计批准 QFII 机构 110 家，境内证券投资额度达 216 亿美元，QFII 机构累计汇入资金 205 亿美元，汇出资金 44 亿美元，净汇入资金 161 亿美元。2011 年，QFII 机构汇入资金 22 亿美元，较 2010 年减少 10 亿美元，下降 32%；汇出资金 14 亿美元，较 2010 年增加 8 亿美元，上升 142%；净汇入资金 8 亿美元，较 2010 年减少 18 亿美元，下降 70%。

从资产配置结构来看，QFII 以持有股票为主，股票在其资产中的占比高达 70%。

2011 年境外对我国证券投资净流入 134 亿美元，同比下降58%。受美欧主权债务危机的冲击，在境外做空力量的持续打压下，2011 年境外对我国股票投资规模为 53 亿美元，较 2010 年下降了 83%。但在债务投资方面，受开放境外人民币清算行等三类机构运用人民币投资境内银行间债券市场的政策效应以及境内机构赴港发行人民币债券规模增大的影响，2011 年境外对我国债券投资增长迅猛，净流入达 81 亿美元，较 2010 年上升了 24 倍。

从资金来源来看，QFII 制度所使用的资金仍然是源于海外的非人民币，其实质上并不能被视为人民币国际化影响资本市场的方式。相比而言，建立人民币合格境外机构投资者 RQFII 制度则直指扩大人民币回流渠道。

二　试点跨境人民币资本流动

1996 年 12 月，人民币实现经常项目完全可兑换。根据 IMF 的研究，从经常项目可兑换到资本项目可兑换，平均需要经历 7—10 年。中国的情况是，在经常项目完全可兑换 15 年后，资本项目仍然处于部分可兑换阶段。

资本项目下可兑换，可以被理解为国际收支的资本与金融账户的完全自由兑换，也意味着一国对于跨国资本流入和流出所引起的货币兑换均无限制。经过多年发展，中国资本项目管制逐步放松，开放程度明显提高，但尚未实现完全放开。事实上，资本项目中部分可兑换和不可兑换的交易内容正是外界关注的焦点，也是人民币国际化道路上难以规避的热点议题。

值得注意的是，自 2010 年以来，在资本项目尚未实现完全可兑换的背景下，中国政府开始尝试开辟多元化的人民币跨境流通渠道。与人民币外国直接投资、人民币境外直接投资、人民币合格境外机构投资者等有关的各项政策相继出台，标志着中国的资本项目管理正在发生微妙变化，人民币国际化的政策推进节奏似乎正在加快。

2013 年《中共中央关于全面深化改革若干重大问题的决定》提出：推动资本市场双向开放，有序提高跨境资本和金融交易可兑换程度，建立健全宏观审慎管理框架下的外债和资本流动管理体系，加快实现人民币资本项目可兑换。2013 年中国资本账户管制的程度进一步放松，资本账户开放的推进相对以往力度加大，人民银行等相关机构对资本账户开放的描述已经做了较大调整，资本账户开放将有更大变化。

三　多渠道拓宽人民币回流机制

未来一段时间，中国至少可通过如下方式拓宽人民币回流机制：

1. 境外三类机构运用人民币投资内地银行间债券市场试点

银行间债券市场开放，可以提升人民币国际债券的流动性，能够解决投资者的后顾之忧。2013年3月，QFII和RQFII获准进入中国银行间债券市场参与交易。截至2013年年底，已有超过100家境外央行、国际金融机构（包括世界银行、国际金融公司）、主权财富基金、港澳清算行、境外参加行、境外保险机构和RQFII等境外机构获准进入银行间债券市场。

2010年8月16日，发布《中国人民银行关于境外人民币清算行等三类机构运用人民币投资银行间债券市场试点有关事宜的通知》。其中，主要就试点的交易主体、资金来源及交易方式等做出具体规定。

交易主体：包括境外央行、港澳人民币清算行和跨境贸易人民币结算的境外参加行三类境外机构。

资金来源：包括通过开展中央银行间的货币合作、通过人民币跨境交易从"海外参与行"获得的人民币现金，以及投资人民币业务所获得的人民币收益。

交易方式：三类机构可以委托具备国际结算业务能力的银行间债券市场结算代理人进行债券交易和结算。境外央行和港澳人民币清算行还可以直接向中央国债登记结算有限责任公司申请开立债券账户，向全国银行间同业拆借中心申请办理债券交易联网手续。

目前的情况是，参与银行间债券市场的境外机构要通过代理行交易终端进行交易。代理行可以接受境外行的交易意向进行代理报价，也可以直接接受交易指令从事代理交易。但后台的清算、账户管理等都由境外机构通过托管账户自己进行。所以，这些境外机构已经进入了中央国债登记结算公司的托管量统计中。

另外，境外银行以参与银行间债券市场的现券买卖业务为主。

仅有少数境外银行可以从事资金拆借业务，但其目的只限于为跨境人民币结算提供短期的资金融通。

这项政策尚处于试点阶段，虽然短期内债券市场会扩容，但整体市场格局并没有受到冲击。这是因为三类境外机构人民币投资受到的限制颇多。

首先，债券投资需获得中国人民银行的批准。来自中国人民银行的消息显示，截至 2011 年 4 月末，有 20 家境外机构在银行间债券市场从事现券买卖，包括部分中央银行。据粗略估计，买入银行间债券的实际资金规模可能超过 100 亿元。

其次，有配额限制。香港金融管理局披露其获得进入银行间债券市场的额度为 150 亿元。相对于银行间市场日均 8000 亿元的交易量，试点规模确实不大。

2. 银行间债券市场开放的近期发展

为进一步提高境外央行或货币当局、国际金融组织、主权财富基金（以下统称相关境外机构投资者）投资银行间市场的效率，根据《全国银行间债券市场债券交易管理办法》《银行间债券市场债券登记托管结算管理办法》等有关规定，2015 年 7 月 14 日，中国人民银行就相关境外机构投资者投资银行间市场有关事宜发布通知要求：相关境外机构投资者进入银行间市场，应当通过原件邮寄或银行间市场结算代理人代理递交等方式向中国人民银行提交中国银行间市场投资备案表；备案完成后，相关境外机构投资者可在银行间市场开展债券现券、债券回购、债券借贷、债券远期，以及利率互换、远期利率协议等其他经中国人民银行许可的交易；相关境外机构投资者可自主决定投资规模。

相关境外机构投资者应作为长期投资者，基于资产保值增值的合理需要开展交易。中国人民银行将根据双方对等性原则和宏观审慎要求对相关境外机构投资者的交易行为进行管理。

相关境外机构投资者应当委托中国人民银行或具备国际结算业务能力的银行间市场结算代理人进行交易和结算。委托银行间市场结算代理人进行交易和结算的，应当签署结算代理协议并根据相关规定向中国人民银行上海总部备案。

受托为相关境外机构投资者提供代理交易和结算服务的结算代理人，可按《中国人民银行关于印发〈境外机构人民币银行结算账户管理办法〉的通知》及《中国人民银行关于境外机构人民币银行结算账户开立和使用有关问题的通知》的相关规定，为相关境外机构投资者开立人民币专用存款账户。

受托为相关境外机构投资者提供代理交易和结算服务的结算代理人应当积极协助做好有关备案、开户与联网工作，严格遵守相关规定，并定期向中国人民银行上海总部报送代理相关境外机构投资者投资的具体情况。

通知规定，中国银行间市场交易商协会、全国银行间同业拆借中心、中央国债登记结算有限责任公司、银行间市场清算所股份有限公司应当根据各自职责，做好相关境外机构投资者投资银行间市场的服务和监测工作。

通知表示，本通知未尽事宜参照适用《中国人民银行关于境外人民币清算行等三类机构运用人民币投资银行间债券市场试点有关事宜的通知》（银发〔2010〕217 号）中的相关规定。

对于通知的发布，中国民生银行首席研究员温彬表示，此举具有重要意义，一方面通过扩大境外机构投资者在银行间市场的投资范围和投资规模，有利于提高境外机构投资者持有人民币资产的积极性，推动人民币国际化进程；另一方面引入境外机构投资者扩大银行间市场投资主体，也有利于我国银行间市场的发展和深化。

至此，境外央行、国际金融组织、主权财富基金可运用人民币投资银行间市场。

3. 人民币合格境外投资者境内证券投资试点

2011 年 12 月 16 日，中国证监会和国家外汇管理局联合发布《关于实施〈基金管理公司、证券公司人民币合格境外机构投资者境内证券投资试点办法〉的规定》。与 2002 年开始实施的 QFII 制度不同，RQFII 允许境外合格机构投资者募集离岸市场的人民币，投资于境内证券市场。这里的境外合格机构投资者主要是指在港中资证券和基金公司。

目前，RQFII 试点项目允许经批准的境外机构投资者在内地资本市场购买至多人民币 200 亿元的债券和股票。办法规定，香港募集的 RQFII 产品投资于股票及股票类基金的资金不超过募集规模的 20%，投资于固定收益证券的资金不少于募集规模的 80%。试点机构可以在托管及结算代理行开立三类专用存款账户，分别用于银行间债券市场交易、交易所债券市场交易和股票市场交易的资金结算。

截至 2011 年 12 月 30 日，国家外汇管理局已经批准 10 家完整提交相关申请材料并由托管银行转报的 RQFII 机构，投资额度达到 107 亿元人民币。

应当看到，中国人民银行对人民币回流的政策立场总体上是采取相对温和的、循序渐进的方式。200 亿元人民币的 RQFII 配额，不会对国内市场产生明显的增量资金压力。

4. 可能的影响

随着内地不断深化债券市场制度建设，国内债券市场有望迎来一个新的发展阶段。各种固定收益类金融产品创新将层出不穷，定价机制更加完善，为 RQFII 产品提供更多的投资机会。

（1）建立境外人民币回流机制，将助推人民币跨境贸易结算。跨境贸易人民币结算试点地区至今已扩展至全国范围，持有人民币的境外机构逐步增多，存在购买人民币金融资产的需求。这两项政策的出台有助于境外人民币回流，标志着人民币回流内地的投资机制正式形成，满足了离岸人民币资金回流境内投资的需要。这将增强境外机构和个人持有人民币资产的意愿，有利于促进跨境贸易人民币结算业务的开展。

（2）引入新的市场力量，改变境内市场需求同质化格局。近年来，作为我国债券市场主体的银行间市场的深度和广度进一步延伸。截至 2011 年 12 月末，银行间市场债券托管余额达 21.36 万亿元，首次突破 21 万亿元大关；市场参与者数量超过 9000 家。但是由于起步晚，发展时间短，市场发展不平衡，交易产品种类与层次还不够丰富，与国外成熟债券市场相比仍然存在较大差距。不同市场投资主体定价方式和投资方式的差异化有助于提高市场定价的准确性和市场效率，推动银行间债券市场的发展。引入新的市场力量，不仅有利于债券市场的资金供给，也促使债券市场开发更多的投资产品，促进了其定价机制以及市场微观结构的完善。引入 RQFII 也对债券市场和 A 股市场有同样的作用。

（3）改善人民币在内地与海外市场间的流通。局部地连接起境外人民币债券市场和境内债券市场，将对境外人民币利率曲线的形成产生影响，增强国内市场对人民币资产定价的主导权。

需要注意的是，人民币证券市场的开放将会吸引境外投机资金，这会给国内宏观调控带来难度。未来在货币政策制定上不仅要考虑国内因素，还要考虑国际因素。

四　推出人民币合格境外机构投资者 RQFII 制度引导资金回流资本市场

随着跨境贸易人民币结算范围的不断扩大、人民币跨境直接投资业务和香港离岸人民币业务不断发展，人民币资金回流的需求越发强烈，人民币合格境外机构投资者制度作为又一项资本市场开放的试点应运而生。2013 年 3 月 1 日，中国证监会公布了《关于实施〈人民币合格境外机构投资者境内证券投资试点办法〉的规定》，进一步规范 RQFII 在境内进行证券投资行为，扩大 RQFII 机构类型，放宽了对 RQFII 投资范围的限制，按规定在批准的额度内，RQFII 可以投资于在证券交易所交易或转让的股票、债券和权证，在银行间债券市场交易的固定收益产品、证券投资基金、股指期货以及中国证监会允许的其他金融工具等人民币金融工具。并且，RQFII 还可以参与新股发行、可转换债券发行、股票增发和配股的申购。

RQFII 制度借鉴了合格境外机构投资者 QFII 制度的经验，但又有如下几点变化：

　　一是募集的投资资金是人民币而不是外汇。

　　二是 RQFII 机构限定为境内基金管理公司和证券公司的香港子公司或者注册地及主要经营地在中国香港地区的金融机构，并且在2013 年 7 月，中国证监会进一步将试点范围扩大到新加坡和伦敦。

　　三是投资的范围由交易所市场的人民币金融工具扩展到银行间债券市场。

　　四是在完善统计监测的前提下，尽可能简化和便利对 RQFII 的投资额度及跨境资金收支管理。RQFII 制度的实施，有利于促进跨境人民币业务的开展，拓宽境外人民币持有人的投资渠道，直接推动香港离岸人民币市场的发展。

　　2013 年，中国证监会累计批准 RQFII 29 家。截至 2013 年年底，RQFII 机构共 52 家，国家外汇管理局对 RQFII 的累计审批额度达到1575 亿元。境外三类机构（境外人民币清算行、跨境贸易人民币结算境外参加行、境外中央银行或货币当局）运用人民币投资境内银行间债券市场的规模大幅增长，人民币金融资产正逐步成为全球投资者构建投资组合的一个重要选择（见图 2 - 2）。

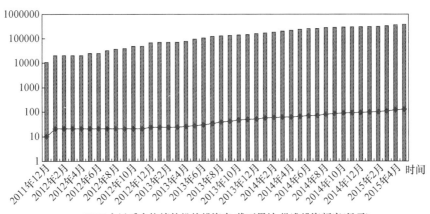

图 2 - 2　RQFII 家数及批准投资额度

从 RQFII 批准额度的变化来看，各类型人民币合格境外机构投资者批准额度都趋于上升，基金类及其他的批准额度增速显著高于证券类产品（见图 2 - 3）。

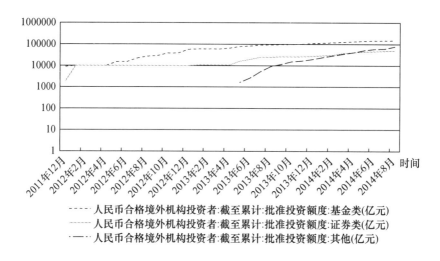

人——— 人民币合格境外机构投资者:截至累计:批准投资额度:基金类(亿元)
——— 人民币合格境外机构投资者:截至累计:批准投资额度:证券类(亿元)
—·— 人民币合格境外机构投资者:截至累计:批准投资额度:其他(亿元)

图 2 - 3　各类型 RQFII 批准额度变化情况

从批准的 RQFII 结构来看，截至 2014 年 8 月，基金类占比达 54%，证券类占比为 18%，其他类占比为 28%（见图 2 - 4）。

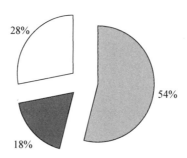

■ 人民币合格境外机构投资者:截至累计:批准投资额度:基金类
■ 人民币合格境外机构投资者:截至累计:批准投资额度:证券类
□ 人民币合格境外机构投资者:截至累计:批准投资额度:其他

图 2 - 4　2014 年 8 月 RQFII 构成

第六节　人民币国际化对沪、港国际
金融中心的影响

人民币国际化会给香港经济带来怎样的影响？香港金融界和企业界普遍将其视为利好。但也有观点认为，人民币国际化有助于上海国际金融中心发展，上海国际金融中心崛起有可能降低香港国际金融中心地位（见表2－2）。

表2－2　　　　　　　　　**人民币国际化对香港发展前景的影响**

有利影响	有助于发展离岸人民币业务，为香港国际金融中心提供新的发展空间；
	有助于增强香港外汇市场的金融产品交易品种和市场规模；
	有助于吸引内地金融机构和企业在香港设立营业网点和分支机构；
	有助于降低与内地经济交流相关的汇率变动风险；
	有助于深化香港与内地的经济联系和合作
不利影响	内地对非居民开放人民币产品投资可能削弱香港股市的作用；
	就国际金融中心发展前景而言，有可能削弱香港对上海的相对优势；
	有可能加速一部分国际金融机构将对华业务总部从香港转移到上海；
	有可能削弱港币的作用

表2－2概括了人民币国际化可能对香港产生的一些影响。从总体上看，人民币国际化对香港金融机构和企业经营活动的正面影响要大于负面影响。但从长远来看，对香港股市的发展有可能产生负面影响。另外，从金融机构聚集的影响来看，既有可能引起一部分外资金融机构从香港转移到上海，又可能会增加内地金融机构在香港开设分支机构。

近年来，作为全球主要国际金融中心，香港正面临着来自上海的挑战。随着上海股市的壮大，内地企业融资对香港股市的依赖有所下降。另外，随着上海金融中心的崛起，一些国际金融机构可能将对华业务总部从香港转移到上海，这会在一定程度上削弱香港国际金融中心的实力。

从上海的视角来看，之前的"人民币非国际化战略"构成了上海国际金融中心建设的最大"瓶颈"。人民币国际化为上海的发展提供了千载难逢的机会。从历史来看，一国经济的崛起通常会将其货币推向国际舞台，并使该国成为以交易该国货币金融资产为主的国际金融中心。因此，在人民币国际化政策出台后，国际社会普遍看好上海作为国际金融中心的巨大发展前景（见表2-3）。

表2-3 人民币国际化给上海国际金融中心建设带来的机遇与挑战

机遇	有助于通过非居民的人民币投融资活动，增加上海金融中心的规模；
	有助于借助非居民的参与和竞争，提高上海国际金融中心的质量；
	有助于提高上海金融中心对国际金融机构的吸引力；
	有助于提高上海金融机构的对外竞争力
挑战	一旦开放在香港的人民币业务，在离岸人民币业务方面，香港将成为上海的竞争对手；
	在内地，上海具有先行先试的优势，但与香港相比，上海缺乏先行先试的政策优势，在跨境贸易人民币结算方面，上海的条件不如香港

第三章 人民币国际化影响资本 市场发展的实证分析

为量化人民币国际化对资本市场的影响，借鉴 Shi 和 Nie （2015）的研究，我们将使用 Uhlig（2005）提出的纯粹符号约束的脉冲响应方法（Pure – Sign – Restriction Approach）识别人民币国际化冲击，借助 Kauermann 等（2011）提出的惩罚性样条滤波（Penalized Spline）方法分离资本市场波动，建立 VAR 模型探讨人民币国际化的可能影响。

第一节 人民币国际化测度

货币国际化是某种主权货币超越国境，在国际贸易、国际资本流动、外汇储备中被其他国家广泛使用，行使货币职能的过程。人民币国际化是人民币在国际范围内行使货币功能，成为主要贸易计价结算货币、金融交易货币以及政府国际储备货币的过程。

从经验看，一国货币要想实现国际化，必须具备一些基本条件。例如，实体经济保持稳定发展，在国际经济和贸易中占有重要的地位；国内金融自由化水平和对外开放程度较高；建立有利于货币国际化的宏观经济与市场制度基础等。尽管人民币已经初步具备了国际化的一些条件，但是要实现最终的目标，中国还将面临一个相当漫长而又艰巨的过程。毋庸置疑，人民币国际化是一个市场自然形成与政府政策导向相结合的过程，一个充满国际各方力量博弈的过程，一个中国政治经济软实力崛起的过程。

目前，常用于反映人民币国际化程度的指标主要有中国人民大学国际货币研究所发布的人民币国际化指数（Renminbi Internationalization Index，RII）、中国银行跨境人民币指数（BOC CRI Monthly）及中国银行离岸人民币指数（BOC Off - shore RMB Index，ORI）

一 人民币国际化指数

人民币国际化指数（Renminbi Internationalization Index，RII）是从国际货币职能角度出发，综合人民币各项职能的全球占比，客观、动态、科学地描述人民币国际化程度的指标数据。

1. 编制人民币国际化指数的宗旨

第一，立足货币职能，分析人民币国际化现状及其重要决定因素，为政府决策机构提供科学评价人民币国际化进程的综合指标体系。

第二，客观、便捷、动态反映人民币国际化程度，为全球提供一个反映人民币国际化动态演变的"风向标"，进而为人民币国际化研究提供一个全新的、总的测度指标，填补人民币国际化研究的理论空白。

第三，通过对比、分析人民币与其他主要货币的国际化指数，从结构上认识推动或阻碍人民币国际化的主要因素，了解人民币国际化与其他主要货币国际化之间的差距，发现其中的主要矛盾和突出问题，为政府分析人民币国际化目标实现情况及推动措施的有效性提供一个便捷的评价工具，以便我国政府及时抓住人民币国际化中的机会，制定适当的、有针对性的对策，扎实、高效地推进人民币国际化。

第四，为世界各国进行贸易与官方储备提供币种选择的参考依据。尽管人民币国际化是这场全球金融危机后顺应国际经济形式变化的自然选择，但是不少国家因为缺乏对人民币国际应用的了解而不愿将人民币作为其官方储备。RII 可以增进外国政府和企业对国际范围内人民币实际使用情况的了解，认清人民币国际化的发展趋势，为其选择人民币进行贸易计价结算和储备提供便捷的决策依据。

2. 人民币国际化指数的编制原则

根据人民币国际化指数的定义及编制宗旨，编制 RII 时应遵循如下基本原则：

第一，功能定位明确，反映人民币国际化应用实际状况。任何指数的编制，都是为适应特定的功能需求而进行的。RII 的编制，其核心目标就是要客观反映世界各国使用人民币的现状，以便为政府部门制定相关决策，为私人部门使用人民币相关金融产品、制定相应的金融战略提供客观、公正、可靠的依据。

第二，体现鲜明的人民币国际化引导方向，突出人民币的实体经济交易流通手段功能。指数的编制不仅要反映人民币国际化应用的现状，还要突出中国的金融战略，尤其是要反映金融战略的顶层目标设计导向。次贷危机使人们认识到虚拟经济过度发达带来的危害，一旦货币脱离实体经济而内生膨胀，对于整个金融体系的稳健将产生极大的破坏性。因此，在人民币国际化进程中，绝对不可过于注重虚拟经济或金融交易功能，而应往实体经济交易流通功能方面加以引导。

第三，坚持科学性与系统性的设计理念。RII 的设计，从国际化货币的本质出发，在充分的国际货币和国际金融理论的基础上，科学界定人民币国际化的内涵与外延，并结合具体的人民币国际化实践进行编制，既体现国际货币的普遍规律和特征，又反映人民币国际化的战略目标。在 RII 体系设计中，既注重单个指标的内涵准确，又注重指标体系的系统性和全面性。

第四，综合考虑可比性与可操作性。RII 的编制宗旨之一是为世界各国提供国际交易与储备货币选择的依据，这就要求设计中必须考虑评价结果在不同货币之间的横向可比性和动态可比性。与此同时，指标体系设计时还要充分顾及数据的可得性和可操作性。

第五，兼顾结构稳定性与灵活性。RII 编制所依据的指标、各指标的权重不宜频繁变化，以使评估结果的解释具有一定的持续性与动态可比性。然而，不能僵化对待指数编制依据的指标及其权重，应保持一定的灵活性，以便于根据国际政治与经济形势变化进行适当调整。编制 RII 的指标及权重，应与人民币国际化实践和中国的战略目标相适应，能够在不同的阶段进行适当调整。

第六，指数编制方法透明、简单。RII 编制的指标选择原则、权重确定原则，均在科学性与可操作性的指导下进行。同时，采用比较简单、直观的计算方法，避免过于复杂、难以理解。

3. 人民币国际化指数编制方法

根据人民币国际化的定义，中国人民大学国际货币研究所选取能够反映人民币行使国际货币职能的两大类指标构建 RII 指标体系。这两类指标与国际货币基金组织颁布的《国际收支手册》中定义的两大类国际经济交易是一致的。第一类指标反映人民币国际计价、清算结算功能，具体包括国际贸易中使用人民币的指标与金融交易中使用人民币的指标。第二类指标反映人民币的国际储备功能（见表 3 - 1、表 3 - 2）。

从理论上讲，货币具有三种功能——价值尺度、支付手段和价值贮藏。考虑到在国际贸易中，计价货币通常就是结算货币，编制 RII 的目的之一是要侧重反映人民币在国际经济活动中的实际使用情况，因此将价值尺度功能与支付手段功能合二为一。

根据 RII 编制的第一个原则，即向实体经济交易流通功能方面加以引导，人民币在国际贸易中实现的结算功能是评价人民币国际化的重要组成部分，具体指标选择世界贸易总额中人民币结算比重。

根据国际收支平衡表，金融账户囊括了居民与非居民之间的金融交易活动。金融交易包括直接投资、国际证券、国际信贷三大类。指标体系中分别针对人民币在这三大类金融交易中的实际功能

表 3 – 1　　　　　　　　人民币国际化指数指标构成

一级指标	二级指标	三级指标
国际计价、清算结算功能	贸易	世界贸易总额中人民币结算比重
	金融	全球对外信贷总额中人民币信贷比重 全球国际债券和票据发行额中人民币债券和票据比重 全球国际债券和票据余额中人民币债券和票据比重 全球直接投资中人民币直接投资比重
国际储备功能	官方外汇储备	全球外汇储备中人民币储备比重

注：世界贸易总额中人民币结算比重 = 人民币跨境贸易金额/世界贸易进出口总额

全球对外信贷总额中人民币信贷比重 = 人民币境外信贷金额/全球对外信贷总额

全球国际债券和票据发行额中人民币债券和票据比重 = 人民币国际债券和票据发行额/全球国际债券和票据发行额

全球国际债券和票据余额中人民币和票据比重 = 人民币国际债券和票据余额/全球国际债券和票据余额

全球直接投资中人民币直接投资比重 = 人民币直接投资额/全球直接投资额

全球外汇储备中人民币储备比重 = 人民币官方储备余额/全球外汇储备余额

表 3 – 2　　人民币与其他主要货币国际化指数的数据来源与处理

指标	数据来源	数据处理
世界贸易总额中人民币结算比重	人民币跨境贸易金额：中国人民银行； 世界贸易进出口总额：国际货币基金组织 IFS 数据库	汇率换算采用人民币兑美元期间平均汇率（IFS）
全球对外信贷总额中人民币信贷比重	中国人民币境外贷款：中国人民银行； 香港人民币存款：香港金融管理局； 全球对外信贷总额：国际清算银行	人民币境外信贷 = 中国人民币境外贷款 + 香港人民币存款

续表

指标	数据来源	数据处理
全球国际债券和票据发行额中各币种债券和票据比重；全球国际债券和票据余额中各币种债券和票据比重	国际清算银行	
全球直接投资中人民币直接投资比重	人民币外商直接投资与对外直接投资：中国人民银行货币政策执行报告；全球直接投资规模：世界银行、联合国贸易和发展组织	汇率换算采用人民币兑美元期间平均汇率（IFS）
全球外汇储备中主要币种储备比重	国际货币基金组织 COFER	各币种储备规模/可区分储备规模
世界贸易总额中主要币种结算比重	各国贸易全球占比：国际货币基金组织；各国贸易结算币种结构：Goldberg 和 Tille（2005），Kamps（2006）	以美国、欧元区、中国、日本、英国贸易规模构成全球贸易总量，以此贸易比重与国别贸易中币种结构占比加权估算各币种全球贸易结算占比
全球对外信贷总额中主要币种信贷比重	世界银行业国际资产负债币种结构：国际清算银行	以世界银行业国际资产负债币种结构替代
全球直接投资中主要币种直接投资比重	直接投资国别规模占比：国际货币基金组织 IFS 数据库、联合国贸易和发展组织	以直接投资国别规模占比替代

设置了相应的指标。其中，关于证券交易部分的指标设置如下：

国际证券交易包括债券和股票两部分，由于国际金融存在巨大的信息不对称风险，具有固定收益的债券的风险的可控性优于股票，因此国际债券市场规模远远超过股票市场规模，一直在国际证券市场中占据主导地位，而且主要国家股票市场规模往往以本币标价，缺乏按照币种对非居民股票投资的统计，从金融学原理和数据可获得性两方面考虑，使用国际清算银行的国际债券和票据指标反映国际证券交易。按照 BIS 的统计分类标准，国际债券和股票包括：第一，所有由国内机构和非国内机构发行的非本国货币的债券和票据；第二，所有本国市场上由国外机构发行的本国货币的债券和票据；第三，所有非居民购买的本国市场上由本国机构发行的本国货币债券和票据。由此可见，国际债券和票据指标能够很好地反映一国货币在国际证券市场的国际化程度。

为了更加全面、准确地反映人民币国际债券和票据交易情况，采用两个指标：一是存量指标，即债券和票据余额；二是流量指标，即债券和票据发行额。存量指标可以客观地体现人民币在国际债券和票据交易中的现实地位，流量指标则能够更好地捕捉人民币国际债券和票据的动态变化。

国际储备功能是国际货币职能最典型、最集中的体现。通常，一国货币在国际储备中的比重是一个最直接、最明了的货币国际化衡量指标。目前，IMF 只统计了美元、欧元、日元、英镑、瑞士法郎等主要货币在官方外汇储备中的比重情况，人民币因其在官方外汇储备中的使用规模太小而不在 IMF 的单独统计之列。此外，世界上绝大多数政府从自身利益出发，一般不公布官方外汇储备中具体的货币结构，这就给人民币国际储备功能指标的数据收集造成极大困难。事实上，已有近十个国家将人民币作为本国外汇储备中的一种。随着我国统计制度的不断完善，以及国际合作的逐渐深入，人民币官方储备指标的可获得性有望得到改善。

RII 的指标体系中每一个指标本身都是比重，不存在数量级别，因此无须进行无量纲化处理，可以直接进行加权平均并编制 RII，即：

$$RII_t = \frac{\sum\limits_{j=1}^{5} X_{jt}\omega_j}{\sum\limits_{j=1}^{5} \omega_j} \times 100 \qquad (3-1)$$

式中，RII_t 表示第 t 期的人民币国际化指数，X_{jt} 表示第 j 个变量

在第 t 期的数值，ω_j 表示第 j 个变量的权数。

由于每个指标都是在全球总量中的占比，因此，在此基础上构造的指数具有完全的横向可比性和动态可比性，满足 RII 的编制原则。

4. 人民币国际化指数的含义

如果人民币是全球唯一的国际货币，那么 RII 指标体系中的各项指标的数值就应该等于100%，此时 RII 为100；反之，如果人民币在任何国际经济交易中完全没有被使用，则其各项指标的数值就等于0，此时 RII 为0。如果 RII 的数值不断变大，表明人民币在国际经济中发挥了更大的货币职能，其国际化程度就越来越高。

当然，国际货币体系日益呈现多元化趋势，美元的国际货币地位在逐渐衰落，除了与美元相互竞争的欧元、日元、英镑、瑞士法郎外，一些新兴市场国家的货币，例如，俄罗斯卢布、巴西雷亚尔等也在国际经济中扩大了使用范围，因此，不可能有哪一种货币的国际化指数能够达到100。

5. 2010 年以来人民币国际化水平

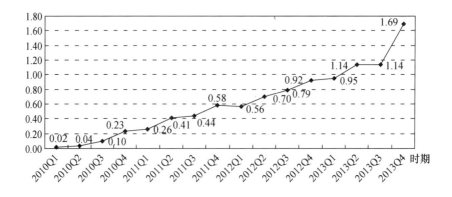

图 3 - 1　人民币国际化指数

如图 3 - 1 所示，2010—2011 年人民币国际化指数表现：
从 2009 年人民币开始跨境贸易计价结算开始，人民币国际化进程仅有短短两年时间。尽管 0.45 的人民币国际化水平表明人民币的国际使用程度还相当低，其国际货币功能微不足道，但是这一数值也表明，人民币国际化已经成功实现了零的突破。2010 年，RII 呈现陡峭上升，意味着人民币国际化进程发展非常迅速。进入 2011 年，RII 继续上升，特别是第二季度的环比有较大的增长。在 2010 年年初至 2011 年年底短短 8 个季度内，RII 由 0.02 提高到 0.58，增长了 28 倍，反映出国际社会、国际经济主体对人民币发挥国际货币功能相当程度的认可。

2011—2012 年人民币国际化指数表现：

尽管国际经济复苏势头放缓，经济形势依然严峻，人民币国际化水平却呈现出逆势稳步攀升的局面。自 2012 年以来，人民币在国际贸易、国际金融交易以及外汇储备等方面的接受程度大大提高，RII 持续上升。截至 2012 年第四季度 RII 已经跃升至 0.92，较 2011 年增长了 58.62%，再创历史新高。

2012—2013 年人民币国际化指数表现：

2013 年人民币国际化水平呈现稳步攀升的局面，人民币在国际贸易、国际金融交易以及外汇储备等方面的接受程度、使用规模大大提高，推动 RII 持续上升。截至 2013 年第四季度，RII 已达 1.69，同比增长 83.70%，再创历史新高。2012 年第一季度至 2013 年第四季度，RII 环比增长率季度平均达 15.65%，大大高于同期中国 GDP 和贸易的增幅。

2013 年四个季度，RII 分别为 0.95、1.14、1.14 和 1.69。2013 年以来，以简化流程、跨境使用便捷化为宗旨的相关政策不断完善和落实，跨境人民币贸易和投资结算业务规模平稳增长，结构有序改进，人民币国际化程度快速提高。RII 同比增长率由 2013 年年初的 69.64% 上升至 2013 年第四季度的 83.70%。

6. 推动 RII 走强的四大原因

第一，中国经济稳中有升，保持高速增长。2013 年世界经济活动开始回升，美国、日本等发达国家复苏势头明显，外需增加对新兴市场国家的经济增长产生了一定的拉动作用,然而全球经济下行风险与结构脆弱性依然存在,美国量化宽松政策推出致使新兴市场国家面临货币贬值、资本外流等压力。在复杂的国际经济环境下,中国新一届政府大力推动新型城镇化,调整经济结构,增强创新能力,2013 年中国国内生产总值达 56.89 万亿元,同比增长 7.7%,尽管 GDP 增速同比有所放缓,但是仍然取得了全球经济增长排名第一的成绩,"唱空中国"的论调在事实面前破产了。光明的经济前景无疑为人民币国际化提供了坚实的经济基础。

第二,实体经济不断扩大的人民币需求是 RII 一路攀升的主要驱动力。2013 年中国进出口贸易总额首次突破 4 万亿美元这一具有里程碑意义的历史性关口,高达 4.16 万亿美元,超过美国 2499.2 亿美元。中国成为全球最大贸易国,世界各国与中国贸易往来日趋紧密,使用人民币计价结算的优势凸显,人民币国际化使用需求日益扩大。自 2011 年人民币国际化全面启动以来,人民币已经超越了 22 种货币,在全球交易中排名突飞猛进。据环球同业银行金融电讯协会统计,截至 2013 年年底,人民币已成为全球第八大支付货币,市场份额达 1.12%,同比增长率高达 15%。

第三,全面深化改革大大增强了市场信心。2013 年 11 月,十八届三中全会通过《中共中央关于全面深化改革若干重大问题的决定》,习近平总书记亲自担任中央全面深化改革领导小组组长,彰显了中国政府提升国家治理能力、推动市场经济建设的坚定信念。加快利率市场化改革,加快实现人民币资本项目可兑换,完善人民币汇率市场化形成机制,以中国(上海)自贸区试点,提升对外开放标准,这一系列深化中国金融体制改革的措施,必将释放巨大的制度红利,大大提振市场对人民币的信心,激发人民币走向国际市场的广阔潜力。

第四,离岸市场迅速发展,加速了人民币自由化与国际化进程。2013 年人民币离岸市场发展迅速,离岸人民币存款已达 1.5 万亿元。在中国资本账户尚未完全开放的情况下,离岸市场成为满足非居民使用人民币进行贸易结算、投融资需求的重要手段。中国香港是规模最大的境外人民币离岸资金运作中心。人民币存款规模达8604.72 亿元，较 2012 年增长了 42.70%。中国台湾、新加坡的离岸人民币业务也初具规模。2013 年 2 月，中国内地—台湾两岸货币清算机制建立，46 家中国台湾银行开始提供人民币存款、贷款、汇款以及财富管理业务，在旺盛的人民币资金需求推动下，台湾离岸人民币业务增长速度超过香港。由于存在地缘优势，东南亚国家的人民币业务更多发生在新加坡，67 家新加坡商业银行开立人民币同业往来账户，与清算行开展的人民币融资交易达 1400 亿元，人民币清算量达 2.6 万亿元。此外，伦敦、卢森堡、法兰克福等欧洲金融中心也积极开展人民币离岸存款、发债业务，离岸人民币金融交易开始走出亚洲，向欧洲扩展。

二　中国银行跨境人民币指数

2013 年 9 月 20 日，中国银行向全球发布"中国银行跨境人民币指数"（Bank of China，CRI），由此成为中国首家独立编制和发布人民币国际化相关指数的银行业金融机构。作为中国国际化程度最高的银行，中国银行始终关注人民币跨境交易和境外流转使用的情况，致力于为境内外客户提供最佳的跨境人民币产品和服务。中国银行跨境人民币指数，将人民币跨境使用和境外流转方面的信息以全面、形象、直观的方式展示给客户，为客户更好地选择、使用跨境人民币产品和服务、及时发掘人民币国际化所孕育的商机提供了便利，也为社会各界提供了一个反映人民币国际化发展状况的"风向标"。

中国银行跨境人民币指数主要跟踪跨境流出、境外流转和跨境回流这一完整的资金跨境循环过程中人民币的使用水平，反映人民币在跨境及境外交易中使用的活跃程度。该指数由跨、转、回三个部分构成，跟踪经常账户、资本账户和境外流转使用多个类别的资金流动。

中国银行跨境人民币指数具有较为鲜明的特色。在切入角度上，中国银行从人民币跨境资金循环的流转过程着手编制指数；在计量指标上，中国银行跨境人民币指数统一采用流量指标来计算。此外，中国银行跨境人民币指数具有解读直观、指示作用突出等方面的特点。

中国银行公布的跨境人民币指数显示，2011 年第四季度至 2014 年第一季度，跨境人民币指数保持上升势头，最高时上升至 278，较基期 2011 年第四季度上升 178%；但从 2014 年第二季度开始，跨境人民币指数趋于回落并保持在 200—260 波动（见图 3 - 2）。

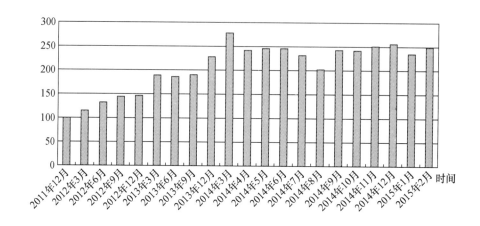

图 3 - 2　中国银行跨境人民币指数

三　中国银行离岸人民币指数

2014 年 3 月，中国银行首次向全球发布"离岸人民币指数"（BOC Off - shore RMB Index，ORI）。这是中国银行继去年推出"跨境人民币指数"（CRI）之后，发挥研究能力和专业优势，向市场推出的又一个综合反映人民币国际化水平的指数。推出离岸人民币指数的重要价值在于：

1. 指标全面准确跟踪人民币国际化进程

随着人民币跨境使用进程的加快，我国境外的人民币存量越来越多，使用渠道趋于丰富，各种人民币金融市场产品不断涌现。人民币在国际金融市场的地位越来越重要。中国银行离岸人民币指数（ORI）是对人民币在离岸金融市场上资金存量规模、资金运用状况、金融工具使用等方面发展水平的综合评价。指数共设置五类指标，包括离岸人民币存款在所有货币离岸存款中的比重、离岸人民币贷款在所有货币离岸贷款中的比重、以人民币计价的国际债券和权益投资余额在所有币种中的占比、全球外汇储备中人民币的占比、人民币外汇交易量在所有币种外汇交易量中的占比，分别对应于人民币行使价值贮藏货币、融资货币、投资货币、储备货币、交易货币五项国际货币职能。ORI 指数对这五类指标中人民币占所有货币的比重进行综合加权计算，反映了人民币在国际金融市场上的发展水平（见图 3 - 3）。

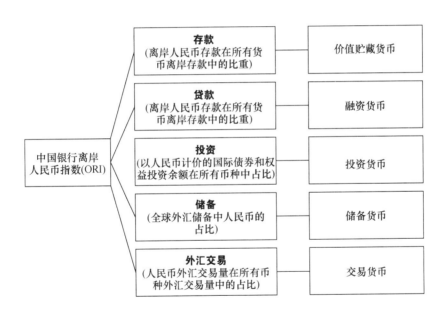

图 3 - 3　中国银行离岸人民币指数构成

2. 解读直观，揭示人民币国际化的进展与差距

根据计算，2013 年年末中国银行离岸人民币指数为 0.91%，意味着在离岸存贷款等国际金融市场活动中，人民币占所有货币的份额为 0.91%。2011 年年末和 2012 年年末 ORI 的数值分别为 0.32% 和 0.50%，表明近两年来，境外市场各项金融活动中使用人民币的

份额快速上升。其中，2013 年全年上升 82%，上升幅度较 2012 年
有所扩大，说明人民币国际化的步伐进一步加快（见图 3-4）。

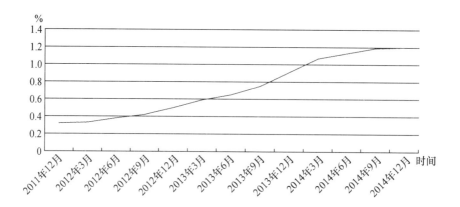

图 3-4　中国银行离岸人民币指数

从 ORI 指数的具体构成来看，五项组成指标对指数增长的贡献
各不相同。

一是离岸人民币存款对 ORI 指数上升的贡献最为明显。根据各
主要离岸人民币市场披露数据，2013 年年末境外市场持有的人民币
存款余额将近 1.5 万亿元，如计入境外企业和个人在境内银行开立
的非居民账户（NRA 账户）存款余额 5600 亿元，则整个离岸市场
的人民币资金存量已超过 2 万亿元，占离岸市场各种货币总量的
1.34%。这一指标与离岸市场日元、英镑等货币的存量占比
（3.32%、5.59%）相比，差距没有总体指数差距那么明显。据测
算，2013 年离岸人民币存款增长超过 5000 亿元，是带动 2013 年
ORI 指数大幅上涨的主要原因。

二是离岸人民币贷款快速增长但总量仍十分有限。据估算，目
前离岸人民币贷款余额约 4000 亿元，不但与数十万亿元的离岸美
元、欧元贷款规模相去甚远，也与离岸人民币存款规模有较大差

距。体现出由于当前人民币利率较高、升值趋势明显，境外企业和个人更倾向于持有人民币资产而非负债的特点。

三是离岸人民币债券和权益投资成为人民币国际化的新兴领域。2013 年全年，香港市场离岸人民币债券（点心债）发行额达 2700 多亿元，新加坡推出狮城债，我国台湾地区推出宝岛债，伦敦、卢森堡市场也纷纷出现人民币计价债券。离岸人民币债券不仅成为各类机构筹资的重要渠道，也成为离岸主体投资的不错选择。此外，人民币计价的股票已在香港市场挂牌上市，人民币的合格境外投资者（RQFII）一经推出即受境外主体追捧，从 2011 年年末到 2013 年年末短短两年时间，审批额度已超过 1500 亿元，境外主体范围从我国香港地区拓展至我国台湾地区、新加坡和英国。

四是人民币作为国际储备货币功能有望继续提升。依托稳定的币值和中国良好的经济发展前景，人民币越来越成为世界各国和地区多元化储备、分散风险的新选择。根据媒体报道，近几年来尼日利亚、泰国、南非、白俄罗斯、印度尼西亚等国家和地区已明确表示将人民币纳入外汇储备，俄罗斯、智利、沙特及欧盟多国表示正在积极研究持有人民币外汇储备的可行性。可以预期，未来人民币的储备货币功能将进一步增强。

五是人民币在外汇交易中的份额增长迅速。国际清算银行（以下简称 BIS）发布数据显示，2010 年，人民币交易在全球外汇市场的交易量占比仅为 0.9%，位列交易最活跃货币的第 17 位；到 2013 年，人民币已成为全球第九大交易货币，交易量占比提升至 2.2%。

按照同一计算模型可以算出，2013 年年末，美元、欧元、英镑、日元的离岸指数分别为 48.17%、25.20%、5.91%、5.50%。这说明美元、欧元等货币仍然在国际金融舞台上占据主导地位。人民币国际化进程虽然发展很快，但人民币在国际金融市场上的总体规模仍很有限，与主要国际货币的差距较明显。

2011 年年末，美元、欧元、日元、英镑的离岸指数分别为 47.78%、26.61%、5.75%、5.40%。2012—2013 年，美元、英

镑、日元的指数略有上升，欧元略有下降。这四种货币在国际金融市场上的合计比重较2011年也略有下降。以上表明总体来看，近年来国际货币格局的演化较为缓慢。

我国香港地区是最大的离岸人民币中心。香港银行体系的人民币存款约占全球离岸人民币存款的60%，日均即期外汇交易量占离岸人民币即期外汇交易量的90%左右，香港地区也是最大的海外人民币债券市场，整体而言，2013年年末香港地区对离岸人民币指数的贡献达62%。

东盟是极具潜力的离岸人民币市场。中国是东盟最大的贸易伙伴，东盟是中国第三大贸易伙伴，2013年双边贸易额超过4400亿美元，并且东盟华人企业众多，以人民币为计价结算货币的市场发展潜力巨大；中国与东盟多国央行签订双边本币互换协议，金额达6500亿元人民币，为进一步加强本币合作提供良好基础。

欧洲地区离岸人民币市场加快发展。伦敦凭借其在全球外汇交易领域的独特优势积极推进人民币外汇交易业务，2013年日均人民币即期外汇交易量约50亿美元；卢森堡、法兰克福等地离岸人民币市场也在加速发展。

非洲、中东、南美等地人民币的存量和使用规模暂时还比较有限，但潜力巨大。随着陆上丝绸之路建设逐步向中亚、中东延伸，中国与非洲经贸往来日益密切，这些地方也将成为拓展离岸人民币业务最有潜力的市场。

3. 特色鲜明，反映人民币国际化不同侧面

中国银行离岸人民币指数（ORI）与跨境人民币指数（CRI）各具特色。

CRI关注人民币的"跨境循环"，描述人民币通过贸易结算或其他经常项目和资本项目流出流入我国，以及在境外支付结算中的使用活跃度，体现报告期间人民币在跨境和境外循环流动的"人气水平"；ORI关注人民币的"境外使用"，从各项离岸金融市场活动中人民币占各种货币的比重反映人民币国际化进程，体现截至报告

期时点人民币在境外的"规模状况"。

另外，CRI的编制全部使用流量指标，即用一定时间段内各项活动发生额来计算；而ORI的编制基本使用存量指标，即用某个时间点的余额数据来计算。

CRI和ORI两个指数又是紧密联系的。CRI指数的上升意味着人民币在跨境和境外支付结算中使用比例扩大，有利于境外人民币资金存量的积累，提高人民币在离岸市场各项金融活动中的比例，从而推升ORI指数。而随着ORI指数所反映的境外金融市场人民币的使用日趋增长，离岸市场持有人民币的意愿会相应增加，带动人民币的跨境循环活跃度增加，CRI也会相应增长。因此，这两个指数相互补充、相互印证，共同构成跟踪反映人民币国际化发展状况的完整体系。

4. 发挥优势，中国银行助力人民币国际大循环

中国银行作为人民币跨境循环的主渠道银行，将更加深入地参与离岸人民币市场建设，全方位支持人民币国际大循环。

（1）增强核心能力。离岸人民币市场的发展对银行的全球化经营能力提出了更高要求，中国银行将进一步推进核心能力建设，全面把握人民币国际化带来的业务发展机遇。一是提升交易撮合能力，境外业务境内做，境内业务境外做，发挥海内外一体化经营和多元化平台优势，提升对境内外客户的综合化、"一站式"服务水平。二是构建全球支持保障能力。建立全球客户经理制、全球产品经理制和全球风险经理制，为客户提供多产品、多服务、多区域的，统一标准的、共享的服务。三是强化全球资金配置能力。综合统筹不同市场的人民币资金规模和成本收益，优化人民币资金的全球配置，更好地满足不同离岸市场的人民币业务发展需求。

（2）优化业务布局。统筹考虑离岸人民币市场特点、发展潜力、客户资源来谋划全球服务网络，优化业务布局。一是跟随企业和个人"走出去"，及时提供配套人民币服务；二是强化在对外经贸合作热点区域的布局，关注"丝绸之路经济带"和"海上丝绸之

路"所涉及地区的业务发展机会；三是优化各种业务渠道搭配，通过全球网点布局以及与境外同业的代理合作，在全球各地提供丰富的人民币产品和服务。

（3）推进全面发展。一是继续推进离岸人民币市场基础设施建设。中国银行将继续完善全球人民币清算网络，力争担当主要国际金融中心的人民币清算主渠道银行；进一步提升清算服务竞争力，加强与各种专业证券及外汇交易清算平台的合作，为人民币资金的流转和交易提供更加优质、高效的清算服务。二是大力充实离岸人民币产品和服务。重点发展针对离岸市场不同货币利率和汇率变化的风险规避和资金增值产品、为境外客户拓展筹资渠道的离岸人民币市场债券和权益投资产品、为境外保险公司和基金公司等提供的投资产品等。三是努力构筑在离岸人民币市场的影响力。中国银行将继续发挥人民币国际化的主要参与者和推动者的作用，进一步提升在离岸市场的影响力。密切与境外商品交易所合作，发掘人民币计价结算、套期保值和融资等业务机会，推动人民币进入国际大宗商品计价交易体系；深入推进人民币与外币的直接挂牌交易，推动人民币成为各离岸金融市场的活跃交易货币。

第二节　符号约束分析

这里我们将人民币国际化视为一种外部冲击，选用人民币国际化指数 RII 作为人民币国际化程度的代表，借助 Uhlig（2005）提出的纯粹符号约束分析方法实证分析人民币国际化对资本市场的影响。

一　符号约束方法

当分析外部冲击对经济系统的影响时，传统范式通常使用 VAR 基础上的脉冲响应分析方法。在建立 VAR 时，往往对变量间的排序——冲击影响变量的先后顺序（或经济系统的传导机制）——具有内在的诉求。对变量间相互影响之先后顺序的假设，通常建立在必要的理论分析基础之上。据此，同理论预期不相符的响应结果往往被称作"谜"。然而，为简化分析，理论推导通常需要大量的前提假设，模型结论赖以成立的诸多条件往往同实际情况相去甚远。更为重要的是，由于统计手段或意识形态等因素限制，现实世界中某些经济变量间的传递机制是不可观测及难以识别的。不同的假设条件可能会使理论模型得出彼此矛盾的分析结论，因而无法对变量间颇有价值的信息排序进行指导。这可能是现有文献中存在同理论分析不相符的大量"谜"题的直接原因。

实际上，建立在不可知论（Agnosticism）基础上的脉冲响应方法可能是分析冲击之影响的更为现实的研究模式。纯粹符号约束方法（Pure – Sign – Restriction Approach），建立在 Bayes 理论的基础上，仅对冲击的脉冲响应施加现实且广泛可接受的符号约束，达到分析外部冲击对经济系统的实际影响的目的。

在一个标准 VAR 模型中：

$$Y_t = B_1 Y_{t-1} + B_2 Y_{t-2} + \cdots + B_l Y_{t-l} + u_t, \ t = 1, \ \cdots, \ T \qquad (3-2)$$

式中，Y 是 $m \times 1$ 的向量，B 是 $m \times m$ 的系数矩阵，u 是方差—协方差阵为 Σ 的、一期以前的预测误。

现有文献中备受争议的部分集中于对"如何将预测误 u 分解为富有经济含义的新息（Innovations）"的讨论，这是进一步分析的必要前提。

假设存在 m 个彼此独立的标准化基本新息，对 $m \times 1$ 向量 v，$E[vv'] = I_m$。需要做的是，寻找一个矩阵 A[①]，使 $u_t = A v_t$。实际上，对矩阵 A 的约束仅来自协方差结构 $\Sigma = E[u_t u_t'] = A E[v_t v_t'] A' = AA'$。因而，为完成识别，需要增加 $m \cdot (m-1)/2$ 个约束条件。

现有文献一般通过三种途径施加约束：

一是对方差—协方差矩阵 Σ 进行 Cholesky 分解；

---

① 矩阵 A 的第 j 列表征着第 j 个基本新息对所有变量的直接影响。

二是依靠基本新息 v_t 和预测误 u_t 间存在的某些结构关系；

三是通过 BQ 分解将永久性成分和暂时性成分进行分离。符号约束方法对此的处理则相当不同，其仅将注意力集中于寻找同特定冲击相对应的新息。

为便于表达，做如下定义：

定义 如果存在矩阵 A，使得 $AA' = \sum$，且 a 是 A 的列，则向量 $a \in R^m$ 被称作脉冲向量（Impulse Vector）。

Uhlig（2005）中的命题 A. 1 指出，令 $AA' = \sum$ 为 Cholesky 分解，当且仅当单位长度 m 维向量 α 满足条件 $a = A\alpha$ 时，a 便是一个脉冲向量。当给定脉冲向量以后，计算适当的脉冲响应则是容易的。

考虑到货币国际化在结算、计价、交易和价值储藏等方面的职能以及人民币国际化初步发展的现实，为识别人民币国际化相对应的脉冲向量，做如下假设：

假设 1 同人民币国际化相对应的脉冲向量，是满足"在约束期 $k = 0$，…，K 内，跨境人民币清算量、RQFII 额度及债券（或股票）市场交易量对 a 的脉冲响应为正"的脉冲向量 a。

给定 VAR 的系数矩阵 B、误差项的方差—协方差矩阵 $\sum$ 及约束时间 K，$A(B, \sum, K)$ 实际上是同外汇储备累计冲击相对应的所有脉冲向量的集合。由于施加了不均等约束，集合 $A(B, \sum, K)$ 要么包含许多元素，要么是空集。因此，在这一层面上无法实现精确识别。为此，必须对集合 $A(B, \sum, K)$ 施加先验约束或者最小化单位圆上的某些函数 $f(\cdot)$，以便对违反相关符号约束的情况进行惩罚。固定 K 或尝试一系列 K，当 $A(\widetilde{B}, \widetilde{\sum}, K)$ 非空时，通过 VAR 的 OLS 估计 $B = \widetilde{B}$ 和 $\sum = \widetilde{\sum}$ 观察脉冲响应的完整区间仍是具有信息价值的——集合 A 实际上给出了脉冲响应的变化区间。[1] 这一类似极端

---

[1] 从 R^m 上的标准正态分布中取 $\widetilde{a}$，计算相应的 $\widetilde{\alpha}$，并获取 a 的备选抽样。对所有相关时段 $k = 0$，…，K 检验脉冲响应的符号约束，判定 a 是否属于集合 $A(\widetilde{B}, \widetilde{\sum}, K)$。进行 10000 次抽样，对所有满足约束的 $a \in A(\widetilde{B}, \widetilde{\sum}, K)$，画出脉冲响应的最大值和最小值。尽管对边界的估计是轻微有偏的，但其仍是一致的。

边界（Bound）分析的做法同 Leamer（1983）的基本思想是一致的。对某些变量 j 和时期 k 进行的符号限制等价于对 α 的线性不等式约束，因而实际上将 α 限定为 R^m 上的某些半空间。集合 $A(B, \Sigma, K)$ 则是所有这些半空间的凸交集。

为了应对脉冲向量 a 的非精确识别及 B 和 Σ 之 OLS 估计基础上的抽样不确定性问题，Uhlig 引入了两种相关却又截然不同、建立在 Bayes 理论基础上的解决方案：纯粹符号约束方法（Pure – sign – restriction Approach）和惩罚函数方法（Penalty – function Approach）。本书着重讨论符号约束方法。

做如下假设：

假设 2 当 $a \in A(B, \Sigma, K)$，$a = A(\Sigma)\alpha$；否则 $a = 0$，参数 (B, Σ, K) 联合取自 $R^{l \times m \times m} \times p_m \times \varphi_m$ 上的先验条件，且先验条件同 (B, Σ) 上的 Normal – Wishart 分布成比例。

在这一假设条件下，通过将脉冲向量参数化，缩放（Scaling）问题得以避免。特别地，脉冲响应的分析结果将独立于所选择的方差—协方差阵 Σ 的具体分解形式。

在假设 2 的条件下，纯粹符号约束的基本做法如下：

首先，给定 (B, Σ) 上的 Normal – Wishart 先验分布，后验约束由 (B, Σ) 上的 Normal – Wishart 后验分布同有关 $A(\Sigma)\alpha \in A(B, \Sigma, K)$ 的示性函数的乘积决定。

其次，在后验约束及单位圆 $\alpha_{in}\varphi_m$ 上的均匀分布中进行联合抽样，构建脉冲向量 a，并计算 $k = 0, \cdots, K$ 时期变量 j 的脉冲响应：如果所有这些脉冲响应满足符号约束，则保留抽样，否则将其丢弃。

最后，重复足够多次，并在所保留之抽样的基础上进行统计推断。

二 指标处理及数据来源

我们以人民币跨境结算、RQFII 额度、债券市场交易量、债券市场发展情况、债券市场波动、SHIBOR 利率建立 VAR 模型分析人民币国际化对债券市场的影响；以人民币跨境结算、RQFII 额度、股票市场交易量、股票市场发展情况、股票市场波动建立 VAR 模型分析人民币国际化对股票市场的影响。

跨境人民币结算由两部分构成：一是跨境人民币贸易结算；二是跨境人民币投资结算，全部来自中国人民银行；人民币境外机构投资者额度来自国家外汇管理局。以银行间债券市场指数作为债券市场的代表；以上证综指作为股票市场的代表。银行间债券市场指数、上证综指、债券市场交易量、SHIBOR 利率、股票市场交易量均来自 CEIC 数据库。

为获得债券市场波动和股票市场波动，在建立 VAR 分析之前，首先使用 Kauermann 等（2011）提出的惩罚性样条滤波方法将债券市场指数及上证综指分解为趋势及波动成分。以银行间债券市场指数的趋势成分作为债券市场发展情况的代表，波动成分作为债券市场波动的代表；以上证综指的趋势成分作为股票市场发展情况的代表，波动成分作为股票市场波动的代表。

惩罚性样条滤波方法，通过使用有限维高阶样条基（Spline Basis）估计平滑成分 g_t，并对样条系数施加一个惩罚项而替代简单的参数拟合。

考虑将时序列 $Y = (y_1, y_2, y_3, \cdots)^T$ 分解成：

$$y_t = g_t + \varepsilon_t \tag{3-3}$$

式中，g_t 代表趋势成分，ε_t 代表非预期的短期波动。令 $B(t)$ 代表观测时点上的样条基，其可能的简便选择是截断多项式（Truncated Polynomials）形式。

$$B(t) = [1, t, \cdots, t^q, (t - \tau_1)_+^q, \cdots, (t - \tau_p)_+^q] \tag{3-4}$$

式中，q 是多项式的最大阶数；若 $t > 0$，则 $(t)_+ = t$，否则 $(t)_+ = 0$；结点 $\tau_1, \cdots, \tau_p$ 在覆盖时点 t 的范围内等距选择。[1] 需要注意的是，尽管式（3-4）的设定是一个方便的选择，但惩罚性样

───────────

[1] 实践中，通常取 $q = 1$ 或者 $q = 2$；相应的，每 5—10 个观测值放置一个节点。

条滤波方法却不受制于任何特定的基，其他样条基同样可以被用于类似的分解过程。①

将 $B(t)$ 分解为低维部分 $X(t)$ 和高维部分 $Z(t)$，即 $B(t)=\{X(t), Z(t)\}$。设 $X(t)=(1, t, \cdots, t^q)$，$Z(t)=[(t-\tau_1)_+^q, \cdots, (t-\tau_q)_+^q]$，代入式（3 - 3）得：

$$y_t = B(t)\theta + \varepsilon_t = X(t)\beta + Z(t)u + \varepsilon_t \qquad (3-5)$$

式中，$\theta = (\beta^T, u^T)$ 是系数向量；残差向量 $\varepsilon = (\varepsilon_1, \varepsilon_2, \cdots)^T$ 被假设服从具有平稳相关矩阵 R_ε 的正态分布，即 $\varepsilon \sim N(0, \sigma_\varepsilon^2 R_\varepsilon)$。

为达到拟合目的，对 u 施加一个惩罚项，得惩罚性最小二乘估计（Penalized Least Square）：

$$l(\beta, u; h) = \{Y - B(t)\theta\}^T R_\varepsilon^{-1} \{Y - B(t)\theta\} + \frac{1}{2}\lambda u^T Du \quad (3-6)$$

式中，D 代表惩罚矩阵。

对截断多项式而言，惩罚矩阵 D 可以设定为单位阵 I_p。② 系数 λ 是控制惩罚项总体值的惩罚参数：当 $\lambda \to \infty$ 时，式（3 - 6）给出了一个建立在矩阵 $X(t)$ 基础上的、简单的多项式拟合；当 $\lambda \to 0$ 时，则获得完全信息基矩阵 $B(t)$ 基础上的非惩罚项拟合。

惩罚性样条平滑的重要特点在于：其同混合模型（Mixed Model）紧密相连。将式（3 - 6）中的惩罚项理解为先验正态分布并保证 ε_t 的正态性，意味着将其重塑为具有如下形式的线性混合模型③：

$$Y|u \sim N(X\beta + Zu, \sigma_\varepsilon^2 R_\varepsilon), u \sim N(0, \sigma_u^2 D^-) \qquad (3-7)$$

式中，D^- 代表 D 的广义逆矩阵，平滑系数 $\lambda = \sigma_\varepsilon^2/\sigma_u^2$。这意味着，通过应用于混合模型的极大似然理论，所有参数都是可以估计的。与此同时，Schall's（1991）的算法可以被用于获得 λ。

Krivobokova 和 Kauermann（2007）发现，被用于平滑的式（3 - 7）具有一些十分有用的特性：即便考虑到 R_ε 的误设，极大似然估

---

① 参见 Ruppert 等（2003）。

② 同上。

③ 更多细节参见 Kauermann 等（2011）附录。

计仍旧是稳健的，即当 ε_t 存在序列相关时，只要模型误设的程度并不过分——即便 R_ε 的设定形式并非残差真实的序列相关结构，式（3－7）仍将给出合理的拟合结果。这便是使用惩罚性样条滤波方法进行时间序列分解的巨大优势所在。

三 实证结果

人民币国际化水平的提高至少反映在两个方面：一是直接表现为跨境人民币结算数量的上升；二是境外人民币在回流国内进行投资时表现为 RQFII 额度以及资本市场交易量的增加。

为分析人民币国际化的影响，我们对跨境人民币结算额、RQFII 额度及债券（股票）市场交易量施加了 10 期正符号约束，将人民币国际化冲击定义为"令跨境人民币结算额、RQFII 额度及债券（股票）市场交易量同时增加"的一种外部冲击。

图 3－5 和图 3－9 分别是通过债券市场 VAR 和股票市场 VAR 识别的人民币国际化冲击。从债券市场发展来看，2012 年第四季度和 2014 年第一季度出现过两次人民币国际化的高潮；从股票市场发展情况来看，尽管 2012 年第一季度人民币国际化发展曾出现过短暂倒退，但 2012 年第四季度又出现了人民币国际化的短暂高潮。

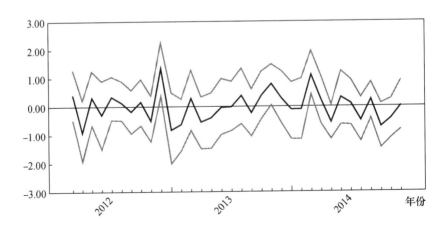

图 3－5　通过债券市场 VAR 识别的人民币国际化冲击

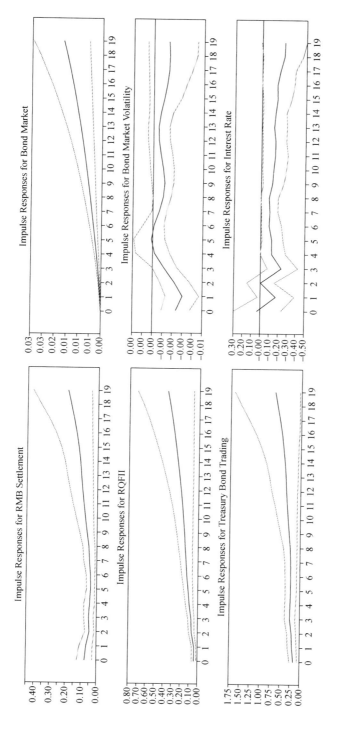

图 3 - 6　人民币国际化对债券市场的影响：符号约束的脉冲响应分析

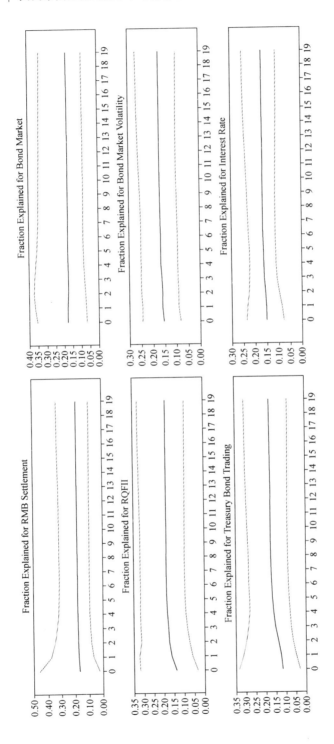

图 3－7 人民币国际化对债券市场的影响：方差分解

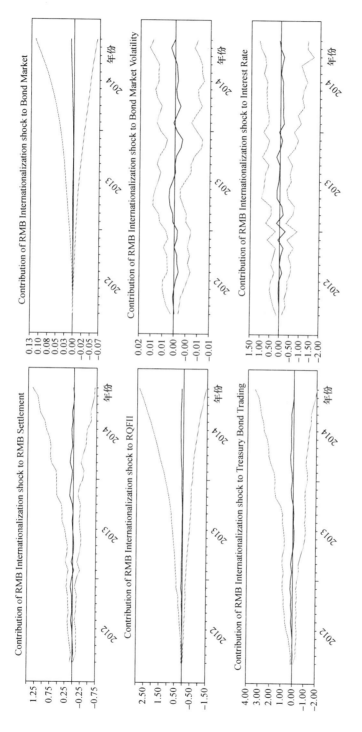

图 3 - 8　人民币国际化对债券市场的影响：历史分解

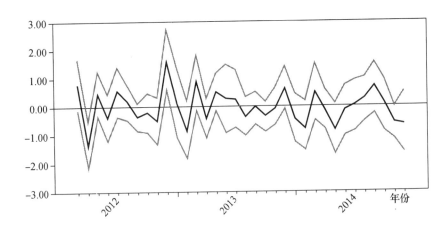

图 3 - 9   通过股票市场 VAR 识别的人民币国际化冲击

图 3 - 6 和图 3 - 7 分别是债券市场 VAR 的脉冲响应分析和方差分解。

从脉冲响应的结果分析，人民币国际化促进了债券市场的长期发展，不仅提振了银行间债券市场指数，短期还降低了市场波动。从长期来看，在人民币国际化以后，海外人民币回流将成为常态，这在一定程度上为国内资本市场提供了相对稳定的资金来源，扩大了资金供给，有助于稳定利率，降低国内企业的融资成本。

从方差分解的结果来看，人民币国际化对债券市场发展的影响相对较大，对稳定市场及利率的影响基本相当。

图 3 - 8 显示了对债券市场影响的历史分解。

从历史分解的结果来看，人民币国际化对债券市场发展和波动的影响较弱，相对而言，对降低利率起到了相对积极的作用。

图 3 - 10 和图 3 - 11 分别显示了股票市场 VAR 的脉冲响应分析和方差分解。

从脉冲响应的结果分析，人民币国际化总体上促进了股票市场的发展，其影响在中长期持续扩大。但从长期来看，人民币国际化的影响似乎存在逆转趋势。与此同时，人民币国际化对股票市场波动的影响在短期和中期并不显著。从长期来看，又增加了股票市场波

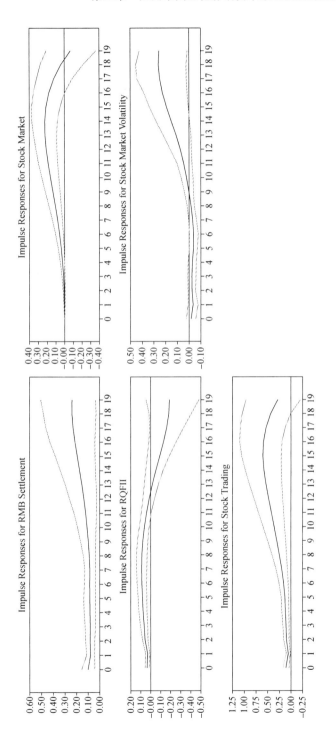

图3－10　人民币国际化对股票市场的影响：符号约束的脉冲响应分析

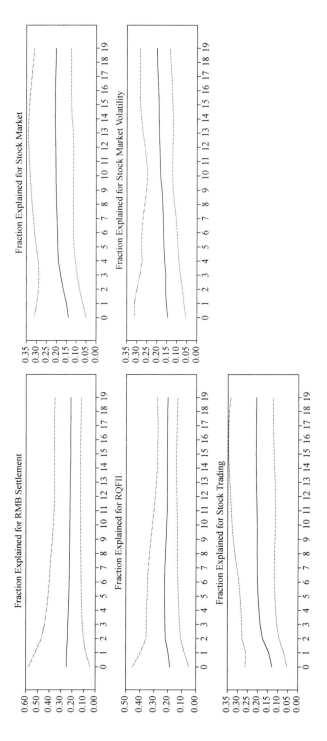

图 3 – 11 人民币国际化对股票市场的影响：方差分解

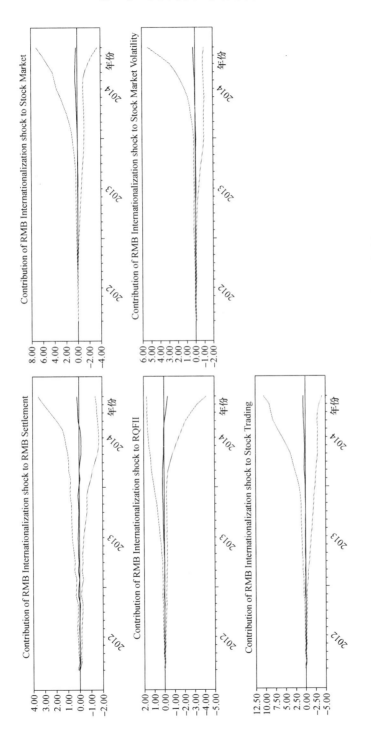

图3－12　人民币国际化对股票市场的影响：历史分解

动。这一发现显然不同于对债券市场的分析。此外，人民币国际化对股票市场波动的长期影响显著高于对股票市场发展的影响。

从方差分解的结果来看，人民币国际化对股票市场发展与市场稳定的影响基本相当。

图 3 - 12 显示了对股票市场影响的历史分解。

从历史分解的结果来看，目前，人民币国际化对股票市场发展与波动的影响都十分有限。

由于人民币国际化还处于比较初级的阶段，资本账户管制依然部分存在，国内资本市场开放程度仍相对有限，人民币的流出渠道不多，境外人民币回流的数量和节奏相对可控。目前，境外人民币资金进入国内资本市场依然需要外管局的审批，这在一定程度上限制了人民币国际化对资本市场的影响。从实证结果来看，相对于流入股市，境外人民币回流债券市场的利多弊少。

第四章　资本市场发展的应对策略

人民币成为国际储备货币必然要求在实现经常账户自由兑换的基础上，实现资本与金融账户下的自由兑换。资本市场与外汇市场密切相关，在人民币国际化的进程中及人民币国际化后，国际资本要进入中国市场必须通过汇率市场和资本市场两道门槛，因此必须综合分析两者的关系。Mckinnon（1973，1993）认为，经常项目开放一般需要用本币实际贬值来抵消贸易保护，减少国际收支的恶化。一般认为，由于国内收益率存在明显差异，所以资本项目的开放将引起大量的国际资本流入。资本的流入将会导致本币的升值，由于金融市场的调整速度快于商品市场的调整速度，这种升值的影响是比较突然的，我国资本项目的开放也面临类似的情况。

在人民币国际化发展过程中，我国资本市场应当做好以下方面的应对工作。

第一节　逐步开放资本项目，严防资本大规模流动风险

在人民币国际化进程中，资本市场面临的最主要风险之一就是资本的大规模流进流出，尤其是国际热钱的炒作，将对资本市场乃至整个经济产生巨大的影响。从历史来看，当市场上的投资者预期人民币有贬值趋势时，资本就会从国内流出，如1997年亚洲金融危机后，对人民币币值具有贬值预期，国内大量资本外逃。在2002年

后，有人民币升值预期，人民币面临着国内外升值压力，国际短期资本又通过各种渠道流入国内市场。特别是近几年，热钱流入严重。一旦中国资本市场受到冲击并出现较大波动，就会影响人民币的汇率以及整个中国经济稳定，使市场上的资产持有者面临损失，进而削弱人民币作为国际储备货币的地位。可见，人民币国际化对资本市场的发展完善具有推动作用，两者还存在一定的制约关系：如果资本市场没有发展到一定水平，人民币的国际化将加大资本市场面对的风险。

面对风险，首先，要在已经开放经常项目的基础上，在新的产业结构形成之后，逐渐开放资本项目，这是确保经济稳定的选择。我国必须在进行成功的财政改革和国内金融市场自由化的基础上，实施改革一揽子计划中的最后一步——国际收支资本项目的开放。其次，要密切关注资本市场动向，小幅渐进升值这种做法会加强升值预期，导致更多投机资本流入，并会加重经济泡沫。未来实行有管理的浮动汇率制度的中国必须对资本流动以及可能产生的经济泡沫高度警惕。为此，我们必须借助经济手段、法律手段甚至行政手段不断建立和完善相关的风险预警和监管机制，密切关注资本市场的动向，保证金融安全，防范汇率受投机资本操纵引发金融危机。

第二节　扩大供给、优化结构，推动资本市场健康发展

资本市场的跨越式发展，使中国开始向资本大国迈进，而资本大国地位对中国金融的崛起具有重要的战略意义。为了实现这一战略目标，并使中国资本市场发展具有可持续性，必须调整中国资本市场的政策重心，寻找基于全球视野的中国资本市场的政策支点。

在相当长的时间里，我们实际上没有深刻理解发展资本市场的战略意义，实用主义色彩非常明显，需求政策成为中国资本市场发

展的主导政策。在实际操作中，这种主导中国资本市场发展的需求政策又演变成一种以抑制需求为导向的政策。市场如果出现了持续性上涨，通常都会归结为是由过量需求造成的，随之而来的是不断出台抑制需求的政策，以防止所谓的资产泡沫化。如果长期实施这样的需求政策，必然严重抑制资本市场的成长，使资本市场呈现出一种周而复始的循环过程，在较低层面上不断复制一个个运行周期。在这样的政策环境支配下，资本市场既没有任何发展，也不可能对实体经济的成长和金融体系的变革起到任何积极作用。中国1990—2012 年的资本市场基本上处于这种状态。

要使中国资本市场走出原有的无效率的运行周期，除了必须进行制度变革和明确战略目标外，还必须制定与战略目标相匹配的发展政策，寻找推动中国资本市场持续稳定发展的政策。当前中国资本市场的政策倾向是发展型政策。这种发展型政策的核心理念是供求协调。政策支点在于扩大供给、优化结构并合理地疏导需求，单一抑制需求的政策和不顾市场承受压力的单边供给扩张政策是不可接受的。

在资本市场上，抑制需求的政策最典型也最有影响力的是税收政策。在资本市场上，频繁运用税收政策来影响投资行为以达到调控市场的目的，是对发展资本市场战略意义认识不清的典型表现，会对市场的正常发展带来负面影响，也会人为地加剧市场波动。所以一定要慎用税收政策。另外，应通过多种手段推进海外蓝筹股回归及包括央企在内的上市公司控股股东关联优质资产的整体上市，积极推进公司债市场发展。

第三节　疏导内部需求、拓展外部需求

大力拓展外部需求。引进境外投资者，逐步提高境外投资者在中国资本市场中的投资比重，是中国资本市场对外开放和实现市场

供求关系动态平衡的重要措施，对中国资本市场国际化的意义重大。当然，在这一过程中，应当有选择地引导资金流向。在资本市场开放的初期，积极引导回流资金进入债券市场，适度流入股票市场。

不断扩大资本市场的对外开放度，积极、稳妥地拓展外部需求，逐步形成一个与巨大潜在供给相对应的外部超级需求，是中国资本市场需求政策的战略重点。

对中国资本市场来说，QFII 虽然是外部需求者，但绝不是外部超级需求者。伴随着中国金融体系改革和资本市场的对外开放，外部超级需求者的形成可能是一个渐进的过程，或许要经过一个从高门槛的 QFII，到 QFII 的泛化，再到境外（国外）一般投资者的进入的演进过程。与海外蓝筹股回归的规模和速度相比，引入外部需求的规模和速度显然不匹配。人民币国际化以后，境外人民币将成为推动资本市场发展的重要战略外部需求者。

第四节 通过政策调整纠正人民币国际化的失衡问题

自 2009 年以来，人民币国际化迅速发展，但从总体上看，人民币国际化仍处于初级阶段，同时存在区域性失衡、进出口人民币结算失衡、离岸点心债券与在岸熊猫债券发展失衡以及贸易结算和储备货币职能失衡四大失衡问题（周宇和孙立行，2014）。在纠正失衡的过程中，应当做好以下几方面的工作：

第一，通过资本项下人民币输出，纠正进出口结算比重失衡问题。在资本项下人民币输出不畅的情况下，人民币进口结算大于出口结算属于合理现象。有鉴于此，在人民币国际化初期，进口结算会大于出口结算。换言之，由于境外市场缺少人民币资金，中国出口企业的对手方无法获得充足的人民币结算资金。纠正这一失衡的有效途径之一就是通过资本项下的人民币输出，为境外企业提供充足的人民币资金。

第二，通过政策调整纠正人民币国际化过度集中于我国香港地区的区域性失衡。人民币国际化的区域失衡一方面源自中国内地与香港之间密切的经济、文化和政治联系；另一方面也受到政策导向影响。为推进香港国际金融中心发展，中央政府在人民币国际化问题上采取了优先照顾香港的政策。但是，如果要让人民币成为真正意义上的国际货币，就必须在全球范围内采取有利于推进非居民使用人民币的措施，把香港地区享受的政策待遇推广到全球。

第三，有必要出台政策积极支持在岸熊猫债券市场的发展。离岸点心债券发展与在岸熊猫债券发展之间失衡在一定程度上源自进出口贸易人民币结算失衡。自 2012 年以来，进出口人民币结算失衡已得到明显改善，同时跨境贸易人民币结算业务增长明显趋缓。有鉴于此，在进出口人民币结算基本实现平衡的情况下，为进一步扩大人民币跨境交易规模，就需要扩大资本项下的人民币输出，为此需要增进在岸熊猫债券市场的发展。

第四，通过采取缓解人民币升值压力的措施，拓展人民币作为国际储备的发展空间。贸易结算职能和储备货币职能的失衡在很大程度上起因于人民币升值压力，央行对此采取了严格的数量限制。从维护汇率稳定的角度来看，这是迫不得已的选择。只有设法降低人民币升值压力，才有可能促进人民币储备货币功能的发展。只有在人民币单边升值压力消失后，中国才有可能全面放开外国央行的人民币资产投资领域，届时，人民币的国际储备职能才有可能得到大幅提升。

结　语

　　经济实力强，不意味着该国货币能成为国际货币。美国早在1894年GDP就已经跃居世界第一，到1913年其工业产值已相当于英、法、德三国工业产值之和。但直到1944年《布雷顿森林协定》的签署，美国才确立了美元的国际核心货币地位。从GDP跃居世界第一到美元取代英镑成为国际货币，整整用了50年时间。显然，不考虑其他条件，中国经济总量还远未达到全球第一，人民币国际化不可能在短时间内实现。

　　国际收支的"双顺差"决定了短期内中国无法向世界提供充足的人民币。长期以来，中国的消费不足，GDP的增长主要依靠投资，而投资创造的大量商品和服务在国内无法完全销售，必须通过出口引向其他国家，以至经常项目顺差。同时，中国作为最主要的新兴市场国家，国际直接投资和金融资本长期、大量进入中国，资本项下也出现了资本净流入的顺差状态。自1994年开始，中国的国际收支一直为"双顺差"，预计在未来较长的一段时间内，"双顺差"局面不会根本扭转。在当前情况下，货币当局只能通过"货币互换"，或者扩大资本项下人民币流出、降低资本项目顺差规模的方式向国际市场输送人民币，但这种方式只能在短期内使用。

　　人民币在相当长一段时间内无法成为主要国际储备货币。一方面，目前中国的综合国力尚不足以支持重要经济体选择人民币作为国际储备货币；另一方面，中国的金融市场还不够健全，容量与深度也还不够。这两个方面或许能够解释为什么各国中央银行不得不大量持有美元资产。

金融市场容量不够，不能贸然完全开放资本项目。对中国而言，资本项目完全开放，意味着国内金融市场完全暴露于全球资本的自由冲击场景之中，若金融市场容量不足，难以抵御来自全球的资本冲击。尤其是在债券市场容量还不够大的情况下，大量资金进入或者流出中国市场，将引起利率和债券价格大幅上涨或者下跌，对实体经济运行造成直接危害。比较目前人民币和美元的本土金融市场容量，美国可供全球投资者选择风险较小的固定收益市场总额在 2012 年就达到 38 万亿美元，占美国 GDP 比例高达 240%；而截至 2013 年 10 月底，中国债券市场总额只有 4.86 万亿美元。由于市场容量的巨大差异，在相同的开放环境下，等量国际资本流动对市场的冲击力是完全不同的。

人民币国际计价功能是人民币国际化最短的"短板"。通常而言，某一货币能否作为国际计价货币同以下因素相关：

一是通货膨胀，通胀率低、币值稳定的货币更有可能被选作贸易计价货币；

二是汇率变动，进出口双方选择计价货币时会更多地倾向于选择具有稳定货币政策和汇率政策国家的货币；

三是金融市场发展程度，进出口双方更愿意选择兑换成本最低且能被其他国家贸易商普遍接受的货币，这就要求该货币的发行国必须拥有发达的货币市场、资本市场和外汇市场以及完善的货币市场工具；

四是货币的可兑换程度，如果一种货币还没有成为可自由兑换的货币，那么境外持币的风险与成本就会比较高，这种货币在同其他可自由兑换的货币的计价竞争中就会处于劣势。

推进人民币国际化，未来面临的主要挑战就是在金融市场自由化的支持下开放资本账户，发展有深度和流动性的金融市场，放开利率和汇率，并加强监督与监管框架。

要使经国际贸易等渠道输出的人民币为境外居民长期持有而不是出于升值预期投机性持有，就需要一个能使其被长期稳定持有的

"锚"，这个"锚"就是资本市场提供的投资渠道。作为人民币的发行国，中国应当通过资本市场提供各种各样的金融投资工具，满足境外人民币持有者的安全性、盈利性和流动性要求。正如美国可以容忍国外美元持有者在国债、股票等资产之间转换，却不能容忍国外投资者抛弃美元一样；中国也应当允许外国投资者在国债、股票之间转换，只要能够促使他们长期持有人民币或人民币资产，那么对人民币国际化而言就是成功的。

从总量规模来看，中国股票市场总市值到 2020 年至少应达到 80 万亿元人民币，才能与国际金融中心的规模要求相匹配；资本市场结构需要进一步优化，建立同股票市场规模相近的企业债券市场，弥补企业融资结构不平衡的问题，同时为投资者创造风险相对较低的投资品种，优化资本市场的风险结构；不断优化中国资本市场中的产业结构、实现投资工具的多样化，进一步加强资本市场的风险配置功能和财富管理功能；允许国际投资者自由投资中国资本市场、允许外国优质企业在中国上市，真正实现中国资本市场的国际化。

因此，至少应从四个方面进一步推进人民币跨境业务，推动资本市场的进一步开放。除了沪港通外，央行正在研究设计人民币合格境内机构投资者（RQDII）制度，将允许机构投资者以人民币直接投资海外市场；推动建立合格境内个人投资者（QDII2）机制，允许个人投资境外市场，包括股票和房地产；允许境内企业到境外发行人民币计价的股票，并以人民币支付股息和红利；推动 A 股纳入 MSCI 指数。

应加大国内资本市场创新，稳步推进资本市场双向开放。推动人民币存托凭证（Global Depository Receipt，GDR）发展。① 推出人民币 GDR 具有重要意义：一是有利于加速人民币国际化步伐，加快人民币资本项目可兑换的速度；二是有利于中国资本市场进一步对

---

① 以农行推出的首个人民币 GDR 产品为例，农行将以此在跨境人民币产品方面寻求突破。据悉，目前农行已经联合部分券商、律师成立了专门的工作组，并对该项业务进行推动。

外开放、中国股票价值的再发现、丰富离岸人民币的投资品种。此外，人民币 GDR 作为沪港通业务的补充和延伸，有利于更多地引入境外资本和国际化机构投资者。

在资本市场开放过程中，应当做好以下工作：

1. 统筹规划、协调联动、积极参与、稳步推进资本市场开放和人民币自由兑换进程

（1）无论是资本市场开放、人民币可自由兑换还是人民币汇率制度改革，都要放在中国经济和金融大环境当中，要充分考虑外汇市场建设、经济金融体制改革、经济发展状况，而不是孤立地、机械地制定一个标准和步骤推进。

（2）在推进过程中，资本市场开放与人民币可自由兑换进程之间要相辅相成、协调联动，在每个阶段要实时监控、适时调整，实现动态推进。

（3）要本着循序渐进、统筹规划、先易后难、留有余地的原则，分阶段、有选择地逐步推出资本项目开放。我国没有履行资本项目可兑换的义务，完全应该根据我国经济的发展状况和改革的具体阶段来决定和实施资本账户自由可兑换。

（4）同步推进人民币自由兑换和人民币国际化进程，增强在资本开放过程中的风险抵御能力。

（5）主动创造条件，政府积极参与，有计划、分阶段、渐进式地推进资本市场开放和人民币自由兑换。从历史经验来看，渐进式资本市场开放的主要特征是政府负责开放方案的总体设计并自始至终主导这一开放进程。

（6）各方要协调配合。资本项目全面开放和人民币可自由兑换是一个渐进过程，需要国内各监管部门相互配合、相互协调、共同监管，实现改革当中各环节的有效衔接和有机互动，以避免因互相推诿、各自为政而产生漏洞和延误改革进程。

2. 规范管理，有效监管，持续提高外汇管理水平

（1）管理方法要更加精细，管理手段要更加现代化和多样化。

资本项目开放不是对资本流动完全放开，而是要根据国家经济、金融环境的不同情况、改革的不同阶段、资本的不同性质分类管理，监测、控制和引导资金合理流动。

（2）在动态调整管理方式的过程中持续提高管理水平。要根据资本市场开放、人民币自由兑换的推进情况和宏观经济环境及金融变化情况，针对可能出现的新问题调整外汇管理方式和管理策略，最大限度地克服资本市场开放所带来的负面影响。

（3）在政策设计和监管规定中应充分考虑风险因素，保证风险的可控性。

3. 动态跟踪、有效监测和适度控制资金流动情况，切实防范投资资金冲击

（1）实现对跨境资本的动态监测和及时预警。

（2）在资本项目开放过程中采取资本适应性管制。

（3）要加强对资金流动监测管理的协调和合作。

4. 完善和健全金融市场

（1）按照"统一、渐进、可控、有效"的指导思想逐步推进金融市场建设和外汇市场的培育，推进的步伐应与资本市场开放、人民币可自由兑换和国际化进程相协调。

（2）通过发展货币市场、加快人民币公开市场业务来完善市场化利率形成机制，中央银行通过运用货币政策工具调控和引导市场利率，使市场机制在金融资源配置中发挥主导作用；通过壮大外汇市场主体、完善做市商制度，充分发挥银行间外汇交易市场的作用，逐步完善人民币汇率形成的市场机制；通过促进市场的互联互通和建立高效公开的市场操作基金，拓展央行货币政策操作的空间，完成利率政策和汇率政策的协调。

（3）不断丰富金融产品品种，加快金融产品和交易工具创新步伐。通过人民币金融衍生产品设计开发科学合理、品种多样的外汇产品，形成多种多样的产品体系，实现风险规避、转移和化解，拓展投资和理财渠道，增加市场的深度、广度和弹性，提高对市场各

方参与主体的吸引力。

5. 完善金融市场监管体系

（1）在明确职责的基础上加强金融监管。

（2）适应国际化的发展趋势，更新金融监管理念，在保障安全的基础上，重视金融市场创新和效率。

（3）加强金融法制建设，健全金融监管法律、法规，有效保障监管行为的权威性、严肃性、强制性和统一性，形成更具约束力的监督机制。

（4）规范和完善信息披露制度，加大信息披露的范围和频率，增加市场的公开性和透明度。

6. 增加外汇汇率弹性，推行渐进式汇率制度改革

近期，应继续按照主动性、可控性、渐进性的原则，完善有管理的浮动汇率制度，最大限度地发挥市场供求的作用，增强人民币汇率弹性，保持人民币汇率在合理、均衡水平上的基本稳定。

中期，随着我国资本项目管制不断放松和人民币可兑换程度不断提高，人民币汇率制度必须实行浮动幅度更大的管理浮动汇率制。

长期，随着中国资本市场的对外开放和以资本市场为核心的国际金融中心地位的确立，人民币实现资本项目完全可兑换，必然采取与之相适应的浮动汇率制度。

以资本市场为核心的中国国际金融中心地位的确立过程、人民币国际化过程必将伴随着汇率制度弹性不断增强、最终走向浮动汇率制度。

7. 在资本项目可兑换过程中保持相对充足的外汇储备

在资本市场开放过程中，随着开放度的日渐提高，各种不确定因素会逐步上升。相对充足的外汇储备有利于应对各种内外部冲击，帮助缓解因贸易账户恶化而出现的经常账户短缺和因资本外逃而出现的债务危机，并起到增强市场信心的作用，能在一定程度上抑制短期资本的投机活动。

参考文献

［1］李全：《人民币国际化对中长期资产配置影响》，《证券日报》
2009 年 5 月 11 日。

［2］巴曙松、吴博：《人民币国际化进程中的金融监管》，《中国金
融》2008 年第 10 期。

［3］马骏：《人民币国际化可能遇到五点瓶颈和挑战》，和讯网，
2011 年 12 月 23 日。

［4］巴曙松、吴博：《人民币国际化对中国金融业发展的影响》，
《西南金融》2008 年第 10 期。

［5］巴曙松：《对人民币国际化未来发展路径的思考》，《中国经济
时报》2012 年 2 月 14 日。

［6］理查德·伯德金：《人民币国际化：不一定受制于国内资本市
场深度》，《东方早报》2012 年 5 月 22 日。

［7］任晓：《人民币国际化提升资本市场吸引力》，《中国证券报》
2015 年 4 月 14 日。

［8］吴晓求：《中国构建国际金融中心的路径探讨》，《金融研究》
2010 年第 8 期。

［8］方方：《人民币国际化可倒逼资本市场改革》，《中国经济周
刊》2012 年 3 月 20 日。

［9］哈继铭：《人民币国际化对资产价格的影响》，《中国金融》
2009 年第 9 期。

［10］王莹：《人民币国际化：发力资本市场》，《中国企业报》
2012 年 9 月 25 日。

［11］鲁世巍：《美元霸权与国际货币格局》，中国经济出版社 2006 年版。

［12］宋建军、林翔：《关于日元国际地位影响因素的实证分析》，《现代日本经济》2009 年第 4 期。

［13］李稻葵、刘霖林：《人民币国际化：计量研究及政策分析》，《金融研究》2008 年第 11 期。

［14］马丹、陈志昂：《全球经济失衡与美元的国际地位》，《数量经济技术经济研究》2010 年第 1 期。

［15］杨雪峰：《日元作为国际储备货币的实证研究》，《世界经济研究》2010 年第 4 期。

［16］丁一兵、钟阳、赵宣凯：《日元国际化的直接影响因素及空间溢出效应——基于 OTC 交易量的空间面板模型研究》，《世界经济研究》2013 年第 2 期。

［17］潘英丽：《关于国际货币体系演变与重构的研究》，课题报告，2009 年。

［18］宋敏、屈宏斌、孙增元：《走向全球第三大货币——人民币国际化问题研究》，北京大学出版社 2011 年版。

［19］王信：《经济金融全球化背景下国际货币博弈的强与弱》，《国际经济评论》2009 年第 4 期。

［20］中国人民大学国际货币研究所：《人民币国际化报告 2012》，中国人民大学出版社 2012 年版。

［21］中国人民大学国际货币研究所：《人民币国际化报告 2013》，中国人民大学出版社 2013 年版。

［22］中国人民大学国际货币研究所：《人民币国际化报告 2014》，中国人民大学出版社 2014 年版。

［23］周宇、孙立行：《人民币国际化——理论依据、战略规划和运营中心》，上海社会科学院出版社 2014 年版。

［24］European Central Bank，The International Role of the Euro，*ECB Monthly Bulletin*，August 1999，Frankfurt.

[25] Eichengreen B. , Sterling's Past, Dollar's Future, Historical Perspectives on Reserve Currency Competition, *NBER Working Papers* 11336, 2005.

[26] Cohen B. J. , *The Future of Sterling as an International Currency*, London, Basingstoke: Macmillan, 1971.

[27] Cooper R. N. , Key Currencies after the Euro, *Weatherhead Center for International Affairs Working Paper*, 98 – 03, Harvard University, 1997.

[28] Frankel J. , "Measuring International Capital Mobility: A Review", *American Economic Review*, Vol. 82, 1992, pp. 197 – 202.

[29] Eichengreen B. , "Global Imbalances and the Lessons of Bretton Woods", *NBER Working Papers* 10497, 2004.

[30] Tavlas G. S. , "The International Use of the US Dollar: An Optimum Currency Area Perspective", *The World Economy*, Blackwell Publishing, Vol. 20, No. 6, 1997, pp. 709 – 747.

[31] McKinnon R. I. , *Money in International Exchange: the Convertible Currency System*, New York: Oxford University Press, 1979.

[32] Smith A. D. , *International Financial Markets: The Performance of Britain and its Rivals*, Cambridge, United Kingdom: Cambridge University Press, 1992.

[33] Bergsten C. F. , *The Dilemmas of the Dollar*, New York: New York University Press, 1975.

[34] Page S. , "The Choice of Invoicing in Merchandise Trade", *National Institute Economic Review*, Vol. 81, 1981, pp. 60 – 72.

[35] Tavlas G. S. , On the International Use of Currencies: The Case of the Deutsche Mark, Princeton Studies in International Economics 181, International Economics Section, Department of Economics Princeton University, 1991.

[36] Magee S. and R. Rao, "Vehicle and Nonvehicle Currencies in International Trade", *American Economic Review*, Vol. 70, 1980, pp. 368 – 373.

[37] Tavlas G. S., "The International Use of Currencies: The U. S. Dollar and the Euro", *Finance and Development*, June, 1998, pp. 46 – 49.

[38] Eichengreen B., "The Dollar and the New Bretton Woods System", *Text of the Henry Thornton Lecture Delivered at the Cass School of Business*, 15, December, 2004.

[39] Cohen B. J., P. Subacchi, "Is the Euro Ready for 'Prime Time'?", *Chatham House Briefing Paper*, 2008.

[40] Frankel J., "The Yen/Dollar Agreement: Liberalizing Japanese Capital Market", *Policy Analyses in International Economics*, No. 9, Washington: Institute for International Economics, 1984.

[41] Tavlas G. S. and Y., "Ozeki, The Internationalization of Currencies: An Appraisal of the Japanese Yen", *IMF Occasional Paper*, No. 90, 1992.

[42] Anderson J. E., "Van Wincoop, Trade Costs", *Journal of Economic Literature*, Vol. 42, 2014, pp. 691 – 751.

[43] Friberg R., "In Which Currency Should Exporters Set Their Prices?", *Journal of International Economics*, Vol. 45, 1998, pp. 59 – 76.

[44] Krugman P., "Vehicle Currencies and the Structure of International Exchange", *Journal of Money, Credit and Banking*, Vol. 12, 1980, pp. 513 – 526.

[45] Flandreau M., C. Jobst, "The Empirics of International Currencies: Network Externalities, History and Persistence", *The Economic Journal*, Vol. 119, 2009, pp. 643 – 664.

[46] Debarsy N., Ertur C., "Testing for Spatial Autocorrelation in a Fixed Effects Panel Data Model", *Regional Science and Urban Eco-*

nomics, Vol. 40, 2010, pp. 470 – 453.

[47] Lee L. F. , Yu J. , "Estimation of spatial autoregressive panel data models with fixed effects", *Journal of Econometrics*, Vol. 154, 2010, pp. 165 – 185.

[48] Sato K. , "The International Use of the Japanese Yen: The Case of Japan's Trade with East Asia", *The World Economy*, Vol. 22, No. 4, 1999, pp. 547 – 584.

[49] Takagi S. , Internationalizing the Yen, "1984 – 2003, Unfinished Agenda or Mission Impossible?", *Bok – BIS Seminar*, 2009.

[50] Tiberi M. , *The Accounts of the British Empire: Capital Flows from 1799、1914*, Aldershot, United Kingdom: Ashgate Publishing Limited, 1958.

[51] Lindert P. H. , *Key Currencies and Gold*, 1900 – 1913, International Finance Section, New Jersey: Princeton University, Princeton, 1969.

[52] Cairncross A. K. , *Home and Foreign Investment*, 1870 – 1913, New York: Cambridge University Press, 1953.

[53] Frankel J. , M. Goldstein, *The International Role of the Deutsche Mark*, in Deutsche Bundesbank, Fifty Years of Deutsche Mark – Germany's Central Bank and Currency Since 1948, Oxford University Press, 1999.

[54] Uhlig H. , "What are the Effects of Monetary Policy on Output? Results from an Agnostic Identification Procedure", *Journal of Monetary Economics*, Vol. 52, 2005, pp. 381 – 419.

[55] Kauermann, G. , Krivobokova, T. , Semmler, W. , "Filtering Time Series with Penalized Splines", *Studies in Nonlinear Dynamics & Econometrics*, 2011, 15, Issue 2, Article 2.

[56] Shi K. , L. Nie, "How will RMB Internationalization Affect Domestic Capital Market?", *Proceedings of the 2015 International*

Conference on Economics and Management, DEStech Publications, 2015.

[57] Goldberg L. S. , G. Tille, "Vehicle Currency Use in International Trade", *FRB of New York Staff Report*, No. 200, 2005.

[58] Kamps A. , "The Euro as Invoicing Currency in International Trade", *ECB Working Paper Series*, No. 665, 2006.

[59] Leamer E. E. , "Let's take the con out of Econometrics", *American Economic Review*, Vol. 73, 1983, pp. 31 – 43.

[60] Ruppert R. M. , Wand, R. Carroll, *Semiparametric Regression*, Cambridge: Cambridge University Press, 2003.

[61] Schall R. , "Estimation in Generalized Linear Models with Random Effects", *Biometrika*, Vol. 78, 1991, pp. 719 – 727.

[62] Krivobokova T. , Kauermann G. , "A Note on Penalized Spline Smoothing with Correlated Errors", *Journal of the American Statistical Association*, Vol. 102, 2007, 1328 – 1337.

[63] McKinnon R. I. , *Money and Capital in Economic Development*, Washington: Brookings Institution Press, 1973.

[64] McKinnon R. I. , *The Order of Economic Liberalization: Financail Control in the Transition to a Market Economy*, Baltimore: Johns Hopkins University Press, 1993.